CONTINUIDAD ARMONICA PARA GUITARRA JAZZ

Continuidad armónica creativa & sustituciones de acordes para a guitarra rítmica de jazz

JOSEPH **ALEXANDER**

FUNDAMENTAL**CHANGES**

Continuidad armónica para guitarra jazz

Continuidad armónica creativa & sustituciones de acordes para a guitarra rítmica de jazz

Publicado por **www.fundamental-changes.com**

ISBN: 978-1911267-43-0

Derechos de autor © 2019 Joseph Alexander

Traducido por: E. Gustavo Bustos

El derecho moral de este autor se ha reconocido.

www.fundamental-changes.com

Los ejemplos de audio de este libro están disponibles para descarga gratuita en ***www.fundamental-changes.com***

Simplemente haz clic en el enlace "Descargar audio" en la parte superior de la página.

Facebook – FundamentalChangesInGuitar

Derechos de autor de la imagen de portada © ShutterStock: Miguel Garcia Saaved

Otros libros de Fundamental Changes

Enormes agradecimientos al maravilloso Pete Sklaroff por grabar el audio y por su eterna paciencia y apoyo para escribir este libro.

Contenido

Introducción

Este libro examina el arte de la continuidad armónica fluida y musical en la guitarra rítmica del jazz. Aunque se presenta como una guía independiente para la interpretación de la guitarra rítmica del jazz, a menos que estés familiarizado con muchos tipos de estructuras de acordes de guitarra jazz (como los voicings de drop 2 y drop 3), puede que este libro te resulte difícil. Te recomiendo trabajar en este libro junto con mi otro libro *Dominio de los acordes para guitarra jazz*.

El objetivo de este libro es hacerte pensar en términos de cómo se mueven los intervalos de forma fluida en la guitarra cuando cambian los acordes en una melodía de jazz. La idea es mover el menor número posible de notas del acorde actual para formar un voicing rico e interesante para el siguiente acorde. El objetivo final es ser capaz de tocar estándares de jazz completos sin tener que saltar alrededor del diapasón para que cada nota o *voicing* se mueva tan fluidamente como sea posible.

En el jazz hay muchas *extensiones y alteraciones* posibles que se pueden utilizar en cualquier acorde, por lo que aprenderás a localizar al instante todas las opciones musicales disponibles para cualquier acorde e incorporarlo sin problemas a tu interpretación. Aprender a incorporar las extensiones en tu música puede ser una tarea de enormes proporciones y se dan muchos consejos sobre cómo organizarlas de manera lógica en tu práctica.

Este libro también cubre muchas *sustituciones de acordes* útiles con gran énfasis en el concepto de *dominantes secundarios*. Mediante el uso de sustituciones es posible crear un tapiz de voicings de acordes rico y sin fisuras que suenen maravillosos y naturales.

Las sustituciones de acordes se introducen de forma natural en tu vocabulario y se utilizan cuando sea apropiado musicalmente. Las sustituciones más comunes se enseñan con explicaciones de por qué funcionan y cuándo usarlas.

Los acordes dominantes secundarios son un poco más complejos, pero se les da una atención especial con muchos ejemplos de cómo llevar estos recursos creativos a tu acompañamiento de guitarra jazz.

Desarrollando el concepto de dominantes secundarios, también exploramos las ideas detrás de las sustituciones de tritono y algunas de sus aplicaciones avanzadas. Al hacerlo, abrimos muchas posibilidades de voicings y algunas bellas formas para navegar entre los que de otro modo serían cambios de acordes de jazz "estándar".

A lo largo de este libro, se tiene mucho cuidado para que cada concepto se mantenga musical, relevante y, sobre todo, práctico. Cada ejemplo se basa en uno de dos estándares de jazz comunes, y aunque por razones de derechos de autor no puedo mencionar cada tema, vamos a llamar a estos estándares *Bella by Barlight* y *Some of the Things You Are*.

Las progresiones de acordes para estas canciones se desglosan y se enseñan con gran atención al detalle. El énfasis está en enseñarte los conceptos más importantes de la continuidad armónica, mientras desarrollas tu visión en la guitarra y tu oído musical. Pronto vas a empezar a ver el diapasón en términos de intervalos y posibilidades, en lugar de limitarte a los "agarres" de acordes estándar que probablemente utilizas.

El único principio que va a revolucionar por completo la forma en que tocas la guitarra jazz es aprender a ver el diapasón puramente en términos de *intervalos*. Si bien no hay nada malo en ver un acorde B7 como:

Bb7

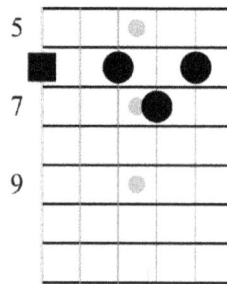

Es mucho más útil para verlo de esta manera:

Bb7

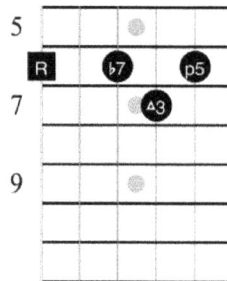

Sin embargo, a medida que avances en el libro aprenderás a verlo así:

Bb7

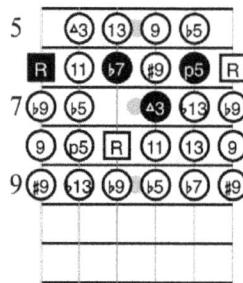

De lo que tienes que darte cuenta es que todas estas extensiones están disponibles la mayor parte del tiempo, y se utilizan de forma natural y con frecuencia en la guitarra rítmica de jazz.

Vamos a cubrir las extensiones y las alteraciones en los capítulos posteriores, pero por ahora solo tienes que saber que uno de los principales resultados del estudio de este libro es que comenzarás a "ver la matrix", y a ver el diapasón como una paleta de intervalos o "colores" con la cual pintar sonidos.

El objetivo de este libro es enseñarte a ver el diapasón como una sucesión continua y fluida de intervalos que cambian con cada acorde. Por ejemplo, el diagrama anterior ve el diapasón desde el punto de vista de un acorde Bb7. Todo cambia si consideramos el diapasón en torno a un acorde Eb7:

Eb7

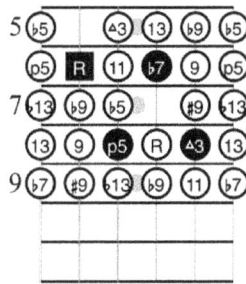

Estos diagramas pueden parecer complejos, pero este nivel de visión se desarrolla de forma natural con el tiempo, con trabajo y con paciencia.

No quiero asustarte, especialmente en la introducción, así que solo confía en que este tipo de visión es algo que se desarrolla poco a poco mientras estás trabajando en otras cosas.

Menciono todo esto ahora porque un principio básico de la armonía es que *frecuentemente puedes moverte entre dos acordes aparentemente no relacionados moviendo solo una o dos notas.* Cuando se tocan acordes de guitarra "normales" esto puede ser difícil de ver ya que puede que te estés moviendo por grandes distancias, pero cuando estudiamos la continuidad armónica podemos ver cuán cercanamente vinculados están muchos acordes. El truco está en ver cuáles notas deben moverse y cuáles notas pueden seguir igual.

La otra cosa importante a entender es que las fundamentales tienden a ser opcionales. Normalmente, otro instrumento se hace cargo de la fundamental, pero incluso si no lo hace, mediante el uso de una buena continuidad armónica la fuerza de la idea musical normalmente será suficiente para permitirle a la audiencia oír y sentir la armonía.

Al eliminar la fundamental liberamos nuestros dedos para poder alcanzar extensiones con bellos sonidos y mantener la continuidad armónica entre los acordes lo más cerca posible.

Por ejemplo, en lugar de tocar el paso de Fm7 a Bb7 de esta manera:

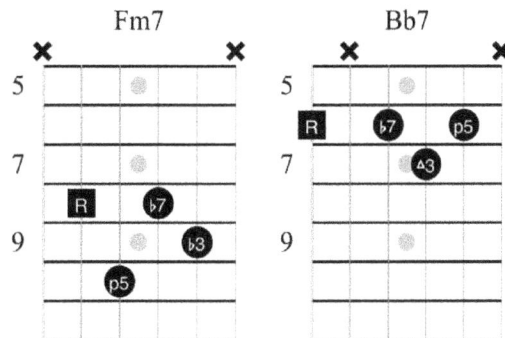

Podemos aprender a tocar voicings como los que se muestran a continuación mediante la combinación de acordes sin fundamentales con extensiones mientras al mismo tiempo conservamos la función armónica de cada acorde.

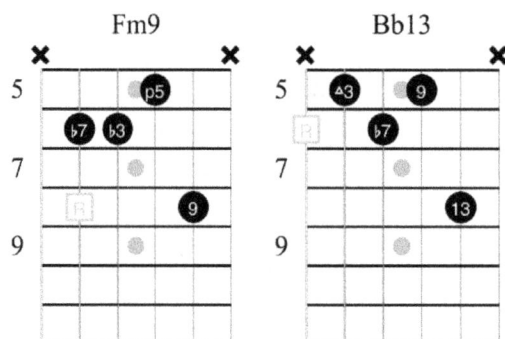

Todos los ingredientes esenciales de cada acorde están incluidos, pero los voicings son más ricos y la continuidad armónica es más fluida ya que solo una nota se desplaza entre cada acorde.

Este tipo de visión y percepción necesita el tipo de práctica correcto, y esto es exactamente lo que este libro se propone enseñarte. Los ejemplos se desarrollan capítulo por capítulo a partir de las nociones básicas hasta que establezcas tu propio camino de descubrimiento musical. Este libro te enseña mucho, pero la verdadera diversión comienza cuando tomas cada concepto y lo apropias.

Al igual que con cualquier libro, he tenido que asumir ciertas cosas acerca de tu conocimiento musical. Será de ayuda estar familiarizado con la construcción de acordes y el concepto de las extensiones. Cuando sea relevante, voy a refrescar los conceptos básicos en este libro, pero te beneficiarás al obtener los libros *Acordes de guitarra en contexto* y *Dominio de los acordes para guitarra jazz,* a menos que ya tengas una base sólida en la armonía.

Los conceptos de este libro no son relevantes solo para los acompañamientos con guitarra en el jazz; ellos van a profundizar tu entendimiento en todos los ámbitos de la música y también influenciarán enormemente tus solos de guitarra de jazz. Cada idea de acordes es también una idea de solos: simplemente toca el arpegio en lugar del voicing de acorde.

¡Que te diviertas!

Joseph.

*Los ejemplos de audio de este libro están disponibles para descarga gratuita en **www.fundamental-changes. com** Simplemente haz clic en el enlace "Descargar audio" en la parte superior de la página.*

Si estás leyendo este libro en un Kindle u otro dispositivo de lectura electrónico, puedes hacer doble clic en cualquier imagen para ampliarla. También, asegúrate de no estar leyendo en "vista de columnas". A menudo las imágenes se visualizan mejor en visualización horizontal.

Obtén el audio

Los archivos de audio de este libro se pueden descargar de forma gratuita en **www.fundamental-changes.com** y el enlace se encuentra en la esquina superior derecha. Sólo tienes que seleccionar el título de este libro en el menú desplegable y seguir las instrucciones para obtener el audio.

Te recomendamos descargar los archivos directamente a tu computador, no a tu tableta, y extraerlos allí antes de añadirlos a tu biblioteca multimedia. Luego, ya puedes ponerlos en tu tableta, iPod o grabarlos en un CD. En la página de descarga hay un archivo de ayuda en PDF y también ofrecemos soporte técnico a través del formulario de contacto.

Kindle/eReaders

Para sacarle el mayor provecho a este libro, recuerda que puedes pulsar dos veces cualquier imagen para verla más grande. Apaga la "visualización en columnas" y mantén tu Kindle en modo horizontal.

Para obtener más de 350 lecciones de guitarra gratuitas con videos visita:

www.fundamental-changes.com

FB: **FundamentalChangesInGuitar**

Instagram: **FundamentalChanges**

Capítulo 1: Vías simples

Para iniciar nuestro viaje en la continuidad armónica para guitarra jazz necesitamos un conjunto de cambios de acordes de trabajo que podamos desglosar para crear ejemplos reales. He elegido el clásico de jazz *Bella by Barlight* ya que contiene una armonía muy interesante y es una melodía común que se toca en las improvisaciones de jazz. Los cambios de acordes de *Bella by Barlight* son los siguientes:

Para comenzar nuestra exploración, nos centraremos en buscar un camino a través los acordes de los primeros cuatro compases de la melodía utilizando una continuidad armónica sencilla y haciendo caso omiso de cualquier alteración o extensión posible.

La secuencia de acordes de los primeros cuatro compases es:

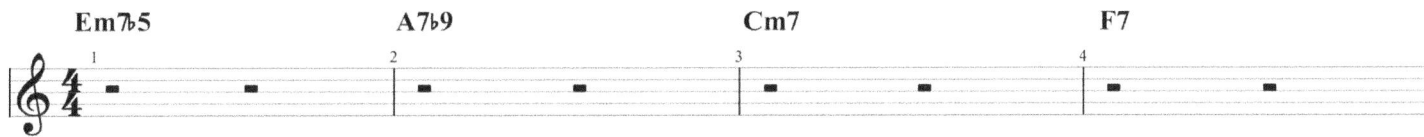

El objetivo del primer ejercicio es tocar a través de estos cambios de acordes manteniendo las notas de cada acorde en las mismas cuatro cuerdas, y haciendo que cada nota se mueva lo menos posible al cambiar los acordes.

Antes de comenzar, vamos a recapitular las fórmulas de intervalo para los tipos de acordes de guitarra jazz más comunes.

Mayor 7	1 3 5 7
Menor 7	1 b3 5 b7
7	1 3 5 b7
m7b5	1 b3 b5 b7

Si no estás seguro de cómo construir cualquiera de los siguientes acordes usa esta tabla como referencia.

Vamos a empezar la secuencia de acordes con la siguiente forma "estándar" de Em7b5 aunque podrías empezar con cualquier voicing que sea cómodo:

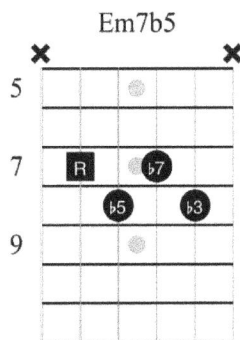

Toma un momento para familiarizarte con la ubicación de cada intervalo del acorde. Observa dónde se encuentran la fundamental (R), la 3ra, la 5ta y la 7ma en el diapasón.

El objetivo es mover el menor número de notas posible entre el Em7b5 y el acorde siguiente A7, manteniéndonos en las mismas cuatro cuerdas.

Si leíste Dominio de los acordes para guitarra jazz, puede que ya conozcas la siguiente forma del acorde A7, pero aun así, trata de formar cada acorde intervalo por intervalo. Esto puede ser un poco "doloroso" al principio, pero pronto verás los beneficios.

La fundamental de A7 se encuentra en el 7mo traste de la cuarta cuerda, pero podrías verla más rápidamente en el 5to traste de la sexta cuerda. (Trata de aprender por completo las notas en la cuarta cuerda, ya que esto te ayudará enormemente con tu fluidez).

Visualiza la fundamental, A y luego añade los intervalos que se requieren para formar un acorde A7 (3ra, 5ta y b7). Esto es difícil, pero persiste y tus habilidades se van a desarrollar con el tiempo.

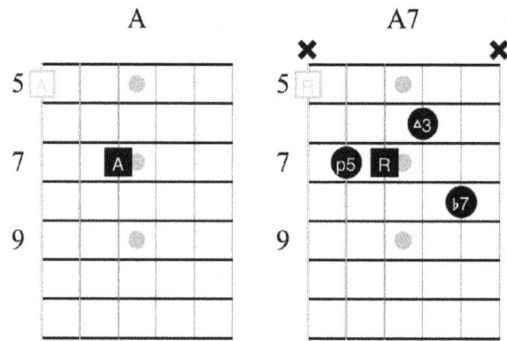

Cuando aprendemos a ver las estructuras de acordes en términos de sus intervalos, ciertas cosas se vuelven muy claras. Por ejemplo, pregúntate, ¿cómo convertirías el anterior acorde A7 en un acorde A*Maj*7?

Estudia la tabla de la página anterior y verás que la única diferencia entre A7 y AMaj7 es que A7contiene una 7ma *bemolizada* (b7). Si elevas la b7ma de A7 por un semitono, creas un voicing de acorde AMaj7.

Compara lo siguiente:

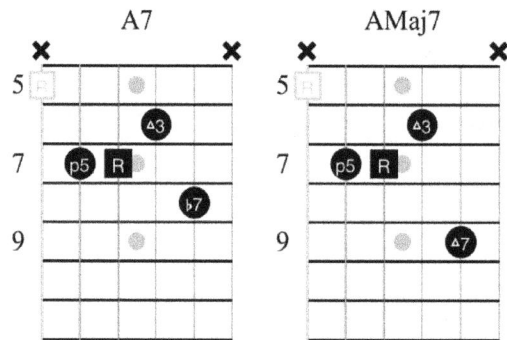

Digitación:

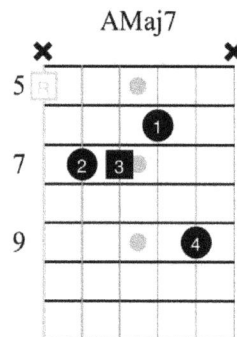

Hay que estirarse un poco, pero es un gran voicing de Maj7.

Ahora, ¿cómo convertirías el voicing de A7 en un voicing de Am7? Estudia la tabla de la página anterior de nuevo. Lo único que cambia es que la 3ra mayor (3) está bemolizada para convertirse en una 3ra menor (b3). Esto se puede ver en los siguientes diagramas:

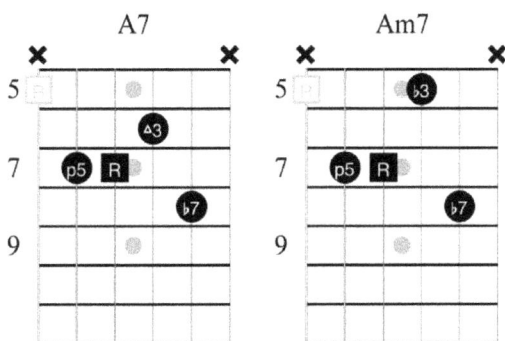

Una vez más, en esta posición hay que estirarse un poco pero es otro voicing de m7 común. Puedes ver que una vez que conozcas la fórmula de un acorde y cómo organizar estas notas en la guitarra, es un proceso muy fácil el de ajustar las formas que ya conoces para producir diversos tipos de acordes.

¡Volvamos a *Bella*!

Compara los voicings de acordes de Em7b5 y A7 y observa lo similares que son.

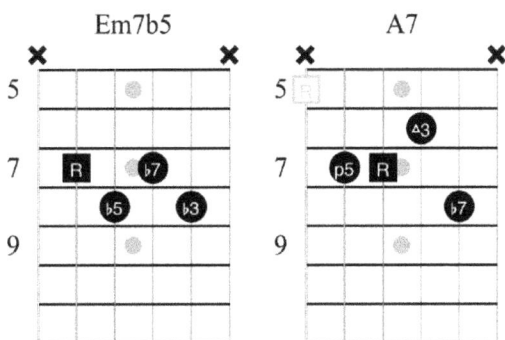

La única diferencia entre estos dos acordes es que las dos *notas interiores* de Em7b5 (las notas en las cuerdas del medio) han caído por un semitono para convertirse en la fundamental y la 3ra de A7.

El reto para nosotros para aprender a ajustar nuestra percepción del diapasón cada vez que cambia un acorde, presentándonos una nueva fundamental.

En otras palabras, cuando el acorde es Em7b5 estamos viendo el diapasón en términos de su fundamental (E) y sus tonos de acorde relevantes. Tan pronto el acorde cambia a A7, debemos ajustar nuestro pensamiento para que veamos el diapasón en términos de la nueva fundamental (A) y los intervalos de A7. Este proceso es bastante exigente mentalmente, pero se vuelve más fácil con el tiempo y desarrollarás tus habilidades en este libro.

El acorde que le sigue a A7 es Cm7. (1 b3 5 b7).

Empieza por encontrar la ubicación más cercana de la fundamental (C) en las cuatro cuerdas del medio:

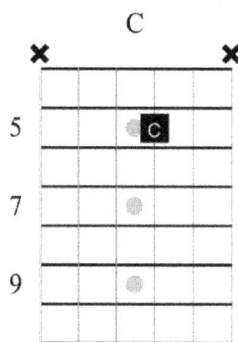

En seguida, construimos gradualmente los intervalos de Cm7 alrededor de ella.

Los acordes con una fundamental en la tercera cuerda a menudo son los acordes más difíciles de visualizar en la guitarra. La mayoría de los guitarristas tocan acordes con las fundamentales en la sexta, quinta o cuarta cuerda, por lo que las fundamentales en la tercera cuerda pueden resultar siendo un misterio para nosotros.

Puede ser de ayuda en un principio pensar en las notas del acorde (C Eb G Bb) y colocarlas primero en diapasón antes de pensar en intervalos. Una vez más, todo lo que puedo decir es que esto resultará más fácil con el tiempo, pero puede ser lento y frustrante al principio. Mi consejo es tratar de disfrutar del dolor mental ya que tu cerebro está aprendiendo información importante y avanzada sobre la guitarra.

Podemos construir los intervalos de Cm7 alrededor de la fundamental de la siguiente forma:

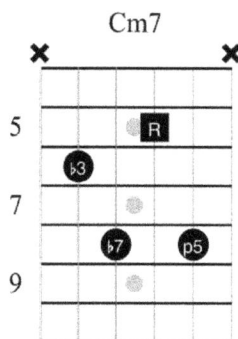

Aprende a reconocer cómo se ve un b3, 5, y b7 en relación con una fundamental en la tercera cuerda.

Este acorde puede no ser cómodo para tocar al principio, pero es un sonido fantástico una vez que te acostumbres a él.

Compara este voicing de Cm7 con el anterior acorde A7:

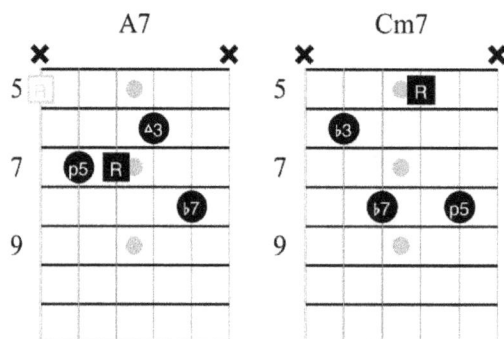

Aquí, solo una nota sigue siendo la misma entre los dos acordes, porque hay un cambio de tonalidad bastante pronunciado en este punto de la canción. Aun así, cada nota se mueve por solamente un semitono e incluso este pequeño movimiento puede reducirse aún más cuando empecemos a introducir sustituciones y extensiones más adelante.

El acorde final de la secuencia es F7. El voicing más cercano de este acorde es el siguiente:

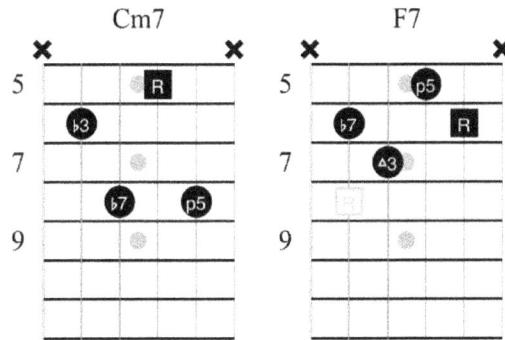

Puede que te resulte más fácil ver la fundamental de este acorde F7 como si estuviera en la quinta cuerda. Se muestra como un cuadrado en gris para tu referencia.

Una vez más, compara el F7 con el Cm7 anterior para ver qué tonos se han movido. Te darás cuenta de que solo dos notas han cambiado. Este cambio se puede reducir a una sola nota al tocar un acorde F9 en lugar del F7, y vamos a ver esta idea en el siguiente capítulo.

Las últimas páginas han cubierto una gran cantidad de información y pueden parecer bastante desalentadoras. La mejor manera para interiorizar este enfoque es poniendo las manos a la obra y practicarlo con un enfoque consciente.

¿Cómo practicar?

Este ejercicio es simple sobre el papel, pero puede que te tome un tiempo para dominarlo.

Toca el primer acorde de la secuencia, Em7b5. Rasguea el acorde y luego puntea cada cuerda de forma individual. A medida que punteas cada cuerda, di el nombre de cada intervalo en voz alta. Por ejemplo:

Ejemplo 1a:

*Los ejemplos de audio de este libro están disponibles para descarga gratuita en **www.fundamental-changes. com** Simplemente haz clic en el enlace "Descargar audio" en la parte superior de la página.*

Una vez que hayas tocado las notas de Em7b5 y hayas dicho sus nombres en voz alta, haz una pausa y *visualiza* las notas del acorde siguiente (A7) en el diapasón. Antes de pasar a A7, asegúrate de que puedes *ver* cómo cambian los intervalos del acorde Em7b5 que estás sosteniendo para convertirse en los intervalos de A7. Esto puede tomar un tiempo, pero la idea es ver el nuevo acorde *antes* de moverte del acorde en el que estás. Observa cuáles notas se mueven y cuáles permanecen iguales.

Repite este procedimiento para cada acorde de la secuencia. Trata de no ver la secuencia como "formas" de acordes, como cuando aprendiste a tocar la guitarra; trata de verla como intervalos cambiantes y cayendo en cascada por el diapasón. Por supuesto, puede que ya conozcas estas formas de acordes pero enfócate en ver los intervalos en términos de cada nueva fundamental.

Ejemplo 1b:

Ahora pasemos a los siguientes cuatro compases de *Bella*.

Cada acorde se puede tocar de la siguiente manera:

Aborda estos cambios de acordes de la misma manera que antes. Toca el primer acorde y di en voz alta los intervalos antes de visualizar cómo cambia cada nota para convertirse en un intervalo del siguiente acorde. Cambia de acordes solo cuando te sientas seguro de lo que estás a punto de tocar.

Recuerda, trata de no ver las formas de acordes, trata de ver cada acorde como un conjunto de intervalos cambiantes.

He dado dos opciones para el acorde final A7. La primera se ajusta más "correctamente" al ejercicio debido a que la continuidad armónica es un poco más cercana; sin embargo, es una forma que requiere un estirón, por lo que es posible que quieras volver hacia arriba del diapasón y utilizar la segunda opción. Desarrollar una variedad de voicings y aprender a ver los intervalos en más de un lugar del diapasón te da mucha libertad y te permite muchas opciones creativas para utilizar cuando estás tocando un acompañamiento en guitarra de jazz.

Mediante el uso de un voicing diferente para el acorde A7, el *siguiente* acorde también se tocará con un voicing más cercano diferente, estableciendo una serie de eventos que te llevarán por un camino diferente a través de los cambios. Con el tiempo, serás capaz de tocar cualquier voicing que elijas e improvisar libremente con tu elección de voicing de acorde.

Cuando te sientas seguro con los voicings de acordes cercanos, comenzarás a experimentar con voicings que "saltan" por todo el diapasón o a través grupos de cuerdas, normalmente con el objetivo de mantener una nota particular de la melodía en la parte superior del acorde.

Los siguientes cuatro compases de Bella están escritos aquí, un compás por acorde. Asegúrate de practicar esto de la misma manera que en el ejemplo 1b.

Ejemplo 1c:

Toca los primeros ocho compases completos y continúa el proceso de rasguear cada acorde una vez antes de puntear cada nota individual y decir los nombres de los intervalos en voz alta. Visualiza el siguiente acorde antes de mover los dedos.

Ejemplo 1d:

Em7b5	A7	Cm7	F7

```
    8        8        8        6
    7        6        5        5
    8        7        8        7
    7        7        6        6
```

Fm7	Bb7	Ebmaj7	Ab7

```
    6        6        4        7
    5        3        3        5
    6        6        5        6
    6        5        5        6
```

En el ejemplo anterior es fácil ver cómo solo una nota se mueve entre F7 y Fm7 en los compases cinco y seis.

Estos son los cuatro compases siguientes de Bella dispuestos con una continuidad armónica compacta en las cuatro cuerdas del medio.

Ejemplo 1e:

BbMaj7 | Em7b5 | A7 | Dm7 | Eb7

Bbmaj7	Em7b5	A7	Dm7	Bbm7	Eb7

```
    6        5        5        3        2        2
    3        3        2        2        1        0
    7        5        5        3        3        1
    5        5        4        3        1        1
```

Practica estos cuatro compases en la misma forma que antes y haz un gran énfasis en ver cómo se mueven los intervalos entre cada acorde.

Aquí hay un recorrido por los últimos cuatro compases de la sección A. Mientras comenzamos a quedarnos sin espacio en la parte inferior de la guitarra observa cómo empezamos a ascender de nuevo hacia arriba del diapasón.

Ejemplo 1f:

Hay algunos estiramientos difíciles aquí, pero cada forma será más fácil con el tiempo. Algunas formas harán que reajustes tu posición de la muñeca o que saques el codo hacia afuera. Experimenta para encontrar la posición más accesible para ti.

Por ahora, no te preocupes demasiado acerca de los estiramientos difíciles, a medida que comencemos a introducir sustituciones, extensiones y alteraciones, podremos evitar digitaciones difíciles (¡si queremos!) y aumentar aún más la fluidez de la continuidad armónica.

En resumen, estos son los primeros dieciséis compases de *Bella by Barlight* utilizando voicings en las cuatro cuerdas del medio. Ten en cuenta que tocamos la ii V menor (Em7b5 – A7) de una manera diferente cada vez que se produce.

Ejemplo 1g:

En el siguiente capítulo nos fijamos en el uso de las extensiones, las alteraciones y los voicings sin las fundamentales para hacer a la continuidad armónica más fluida en cada cambio de acorde.

Capítulo 2: Extensiones y voicings sin la fundamental

Como lo mencioné en la introducción, rara vez es necesario tocar la fundamental del acorde y con frecuencia otros intervalos también se pueden omitir. La teoría detrás de omitir las notas a menudo se enseña de manera académica y rígida, con reglas específicas sobre las notas que se pueden dejar de lado en un acorde y cuándo es aceptable hacerlo. La verdad es que no hay reglas estrictas sobre cuáles notas deben ser incluidas. Por lo general, el oyente "llena los espacios" subconscientemente cuando se utiliza una continuidad armónica fuerte, incluso cuando se omite una nota importante como la 3ra.

Al omitir la fundamental y, ocasionalmente, también otros intervalos, podemos acceder a otras notas que le añaden riqueza e interés a nuestras texturas de acordes. Por lo general, cuando se deja fuera una nota como la fundamental, se sustituye por otra nota, ya sea una *extensión* natural (9na, 11va o 13va) o por una *alteración* cromática (b9, #9, b5 o #5).

Estas extensiones y modificaciones se cubren en gran detalle en mis libros *Acordes de guitarra en contexto* y *Dominio de los acordes para guitarra jazz*, pero la siguiente tabla muestra las opciones más comunes para los acordes de jazz. Esta lista no es exhaustiva, las extensiones se pueden combinar, y deberías ser consciente de las notas *enarmónicas* tales como la b5 que es idéntica a la #11.

Tipo de acorde	Fórmula	Extensiones comunes
Maj7	1 3 5 7	9 #11 13 (o 6)
m7	1 b3 5 b7	9 11
m7b5	1 b3 5 b7	b9 9 11
7 (inalterado)	1 3 5 b7	9 11 #11 13
7 (alterado)	1 3 (5) b7	b9 #9 b5 (#11) #5 (b13)

No hay notas que se deban "evitar", pero las 13vas (o 6tas) necesitan manejarse con cuidado en los acordes menores. El acorde ii contendrá normalmente un 13 natural, mientras que los acordes iii y vi contienen b13s. Considera estos como casos especiales y como algo para estudiar más adelante.

Una sustitución importante a saber es que los acordes Maj7 se tocan a menudo como acordes 6 o 6/9 en la guitarra. Por ejemplo, en lugar de tocar EbMaj7 en el compás siete de *Bella by Barlight*, es común escuchar Eb6 (1 3 5 6) o Eb6/9 (1 3 6 9). Los pianistas pueden utilizar diferentes fórmulas para tocar los acordes 6 y 6/9 pero estos voicings funcionan bien en la guitarra. A veces, se puede incluir la 7ma en un acorde 6/9 si se omite la fundamental, aunque técnicamente esto sería un acorde Maj13.

Un acorde de 7ma dominante que actúa como un acorde V7 *funcional* (por ejemplo, en una progresión ii V I) normalmente puede tener cualquier nivel de tensión que quieras añadir, aunque ciertas situaciones pueden sugerir fuertemente una tensión específica. Una tensión que normalmente está bien añadir a cualquier dominante funcional es la b9. La b9 normalmente se sustituye por la fundamental y es, probablemente, la tensión más comúnmente utilizada en el jazz.

La mejor manera de aprender estos sonidos es estudiar la forma en que se utilizan en las partes de guitarra rítmica. Las "reglas" de la armonía son subjetivas, así que si alguien te dice algo sobre de una regla de la música, no la ignores, en cambio úsala como una base sólida desde la cual explorar. La mayoría de las cosas en la música son un tema de contexto; siempre es posible tocar algo que puede ser considerado como una nota "incorrecta" por la mayoría de los expertos de la teoría, si se hace en el punto correcto de la canción. Esta habilidad se reduce al ritmo, el fraseo y la convicción.

Lo que es importante saber sobre cualquier opción de notas "alteradas" que utilizo en este libro es que no son elegidas al azar. En otras palabras, cada elección de notas se debe a que ofrece una buena continuidad armónica entre los acordes.

Vamos a estudiar algunas posibilidades de "extensión y alteración" en los primeros cuatro compases de *Bella by Barlight*.

Comenzaremos con un voicing común de Em7b5.

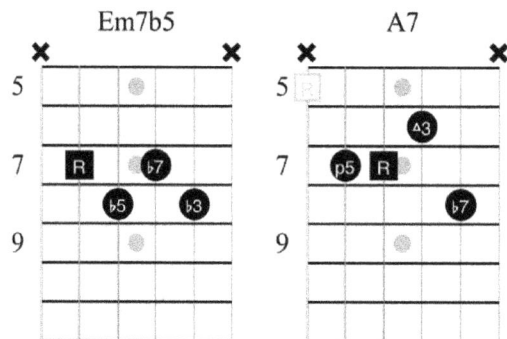

En el capítulo anterior, dos notas cambiaban entre los acordes Em7b5 y A7. Veamos cómo podemos reducir aún más la cantidad de tonos en movimiento.

Para refrescar la memoria, aquí están los primeros cuatro compases de *Bella by Barlight*:

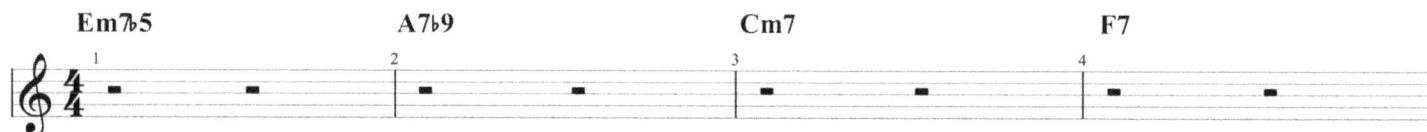

A pesar de que A7 no se resuelve en un acorde D, todavía se considera parte de una progresión ii V y, por lo tanto, acepta cierta tensión. Además, la *melodía* de la canción original en este punto contiene una nota b9 (Bb), por lo que puede ser apropiado reflejar esa tensión en la parte de los acordes.

El acorde Em7b5 *ya contiene la nota Bb* (en la cuarta cuerda), así que en vez de bajar hasta la fundamental del acorde A7 (A) como antes, podemos dejarlo donde está y *solo* mover el b7 de Em7b5 hacia abajo hasta convertirse la 3ra de A7. Esto es más fácil de entender cuando se ve en el siguiente diagrama.

Ejemplo 2a:

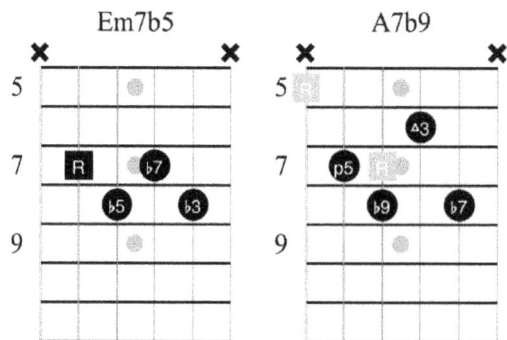

Hemos introducido simultáneamente una alteración rica y hermosa al acorde A7 a la vez que redujimos el número de tonos en movimiento para crear una armonía musical compacta y eficiente.

Al igual que con cualquier acorde, hay muchas extensiones que se pueden agregar al siguiente Cm7, aunque en este caso mi primera opción sería la de seguir con el voicing inalterado del Capítulo 1, ya que sigue con la continuidad armónica moviéndose por los grados adyacentes de la escala:

Ejemplo 2b:

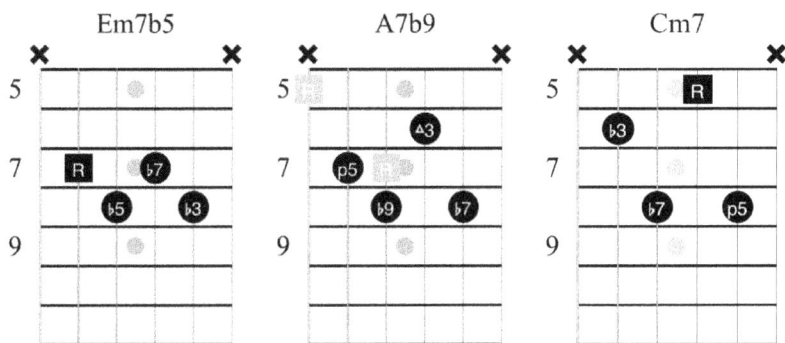

Observa cómo la nota en la tercera cuerda cae por un semitono en cada acorde.

Las 9nas se pueden añadir libremente a la mayoría de los acordes de 7ma dominante, y mediante la adición de una 9na al siguiente F7, podemos pasar de Cm7 a F9, cambiando solo una nota. En el siguiente diagrama puedes ver cómo reemplazamos la fundamental del acorde Fm7 (F) por la 9na (G):

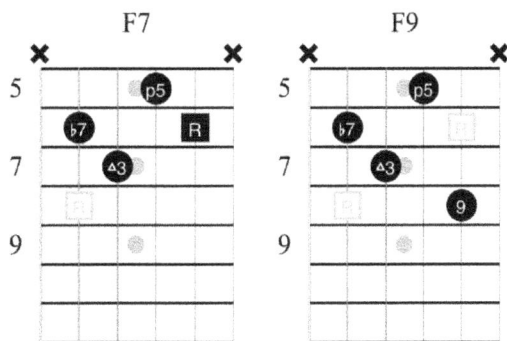

La 9na de F7 (G) es misma nota que la 5ta del acorde Cm7 anterior(G), permitiendo que esta nota se mantenga sin cambios durante los dos acordes. Como puedes ver, ahora solo cambia una nota entre Cm7 y F9. El b7 de Cm7 (Bb) cae a la 3ra de F9 (A).

Ejemplo 2c:

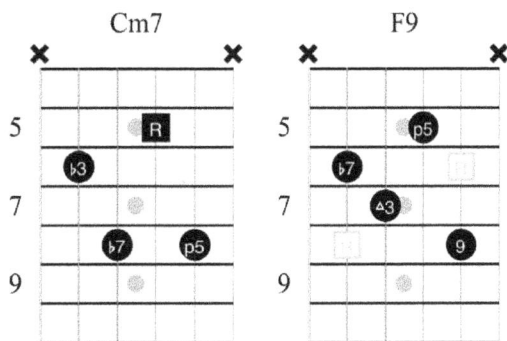

Por supuesto, hay otras extensiones que se podrían utilizar en el acorde F7, pero en este momento estamos enfocados en crear la menor cantidad de movimientos posibles entre los acordes.

Toca a través de los primeros cuatro compases de Bella prestando especial atención a la continuidad armónica en cada cuerda. Al igual que antes, trata de visualizar cada intervalo y cambio de nota antes de tocarlo. Rasguea cada acorde antes de puntear nota por nota y decir los intervalos en voz alta.

Es muy importante desarrollar en el hábito de "construir" cada acorde a partir de sus intervalos constituyentes cada vez que cambies de acorde. Trata de no memorizar las formas; construye cada acorde nota por nota colocando primero la fundamental y luego los otros intervalos.

Ejemplo 2d:

Podemos continuar de la misma manera para los cuatro compases siguientes.

En el compás anterior de F7, la fundamental se sustituyó por la 9na. Como se vio en la tabla de la página 19, la 9na es un excelente intervalo para tocar tanto en el acorde F7 *y* el acorde Fm7 así que vamos a dejarlo donde está por ahora.

Ahora la única nota que cambia entre F9 y Fm9 es la 3ra (A). Debe caer por un semitono para convertirse en el b3 de Fm9 (Ab).

Ejemplo 2e:

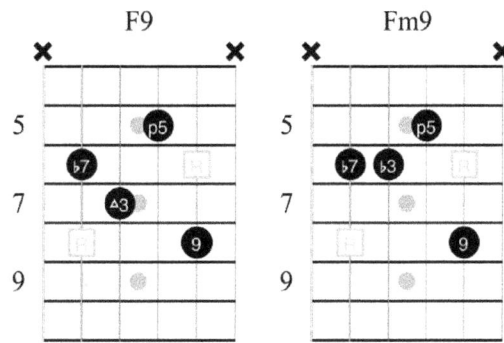

El siguiente acorde es un Bb7 *funcional* que se resuelve en el siguiente compás al EbMaj7 tónico. Una vez más, podemos formar un voicing de Bb7 cambiando solo una nota del Fm9 anterior.

La pregunta que siempre debemos plantearnos cuando buscamos rutas a través de las secuencias de acordes es "¿en qué se convierte cada intervalo de este acorde cuando se toca sobre la fundamental del acorde siguiente?".

El siguiente diagrama puede parecer un poco confuso al principio, pero te ayudará a "meterte en la cabeza" de un buen guitarrista de jazz. El primer diagrama muestra los intervalos de Fm9 (el acorde que estamos tocando) sobre la fundamental de F. El segundo diagrama muestra las mismas notas, pero esta vez son vistas como intervalos de Bb (el acorde al que nos estamos moviendo).

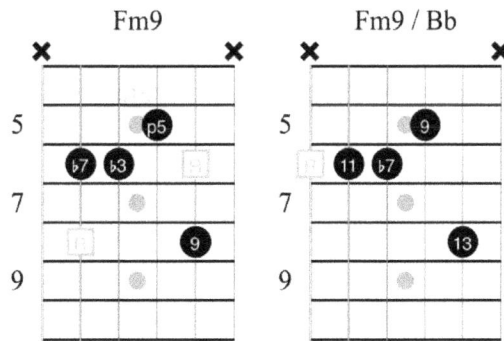

Mira el segundo diagrama y compáralo con la tabla del comienzo del capítulo. ¿Cuáles notas son "aceptables" en un acorde Bb7, y cuáles se han de cambiar?

Bueno, la verdadera respuesta es que *todos* ellos podrían funcionar bien en el acorde Bb7. Tocar este grupo de notas sobre una nota de bajo de Bb forma el acorde Bb13sus4 (11 es lo mismo que 4). Podríamos seguir tocando este conjunto de notas para crear una armonía tensa a medida que el bajo se mueve a Bb. Sin embargo, en este momento de la progresión es mucho más fuerte oír la 3ra de Bb7, así que mi sugerencia es bajar la 11va a la 3ra de la siguiente manera:

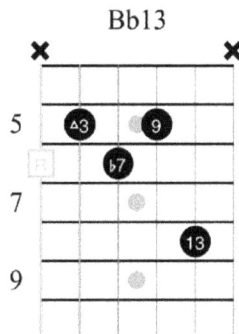

Hay que decir que aquí no hay "aciertos o desaciertos". Quizás quieras tocar el Bb13sus4 durante unos pulsos antes de resolver al Bb13.

Como puedes ver, moviendo solo una nota del Fm9 se crea un acorde Bb13 rico y extendido que incluye la 9na. Los voicings de acordes sin fundamentales son extremadamente útiles en la guitarra; mediante el uso de solo cuatro notas podemos crear armonías hermosas y avanzadas.

Recuerda: hazte esta pregunta en cada cambio de acorde: "¿Cuáles notas pueden permanecer iguales, y cuáles notas tienen que moverse?"

Vamos a pasar al acorde EbMaj7.

Mira cuáles intervalos generan las notas de la forma acorde actual (Bb13) contra la fundamental Eb:

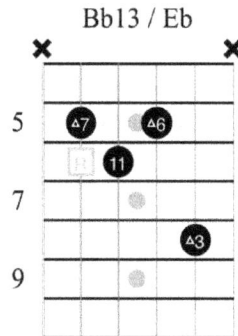

Bb13 / Eb

Refiérete de nuevo a la tabla. Como puedes ver, la 7ma, la 6ta y la 3ra, todas funcionan bien en un acorde EbMaj7, pero la 11va chocará con la 3ra. El problema es que si bajamos la 11va a la 3ra mayor, habrá *dos* 3ras mayores en este voicing.

Una buena solución es bajar la 11va a la 3ra, pero *también* bajar la 3ra más alta a la 9na creando así un acorde Maj13 un poco inusual (un acorde Maj6 que incluye la 7ma):

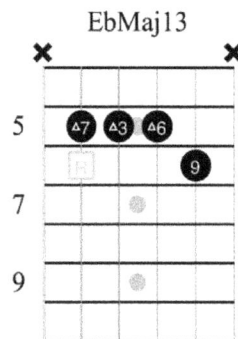

EbMaj13

Una vez más, este es un voicing sin fundamentales que tiene una ligera tensión debido a la 7ma en el bajo. Este es un gran sonido, pero posiblemente un voicing que hay que evitar si estás trabajando en dúo con un cantante sin experiencia. Si tienes que tocar la fundamental como la nota más baja, entonces podrías optar por un acorde Eb6/9 más estándar:

Eb6/9

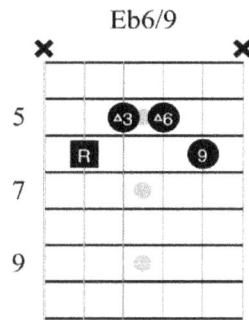

El acorde final de esta sección es Ab7. En *Bella by Barlight* se toca a menudo como un acorde A7#11 (o "lidio dominante"). Una vez más, mira cuáles intervalos forman los tonos de acorde de EbMaj13 actuales contra la fundamental del acorde Ab7#11 siguiente:

EbMaj13 / Ab

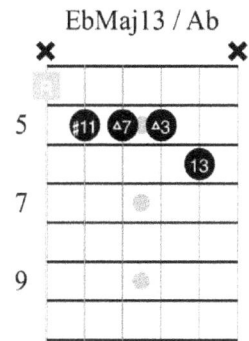

Este voicing ya contiene tres intervalos que podemos utilizar para Ab7#11. La única nota que tiene que cambiar es la 7ma, que se debe bajar por un semitono a la b7 (Gb):

Ab7#11

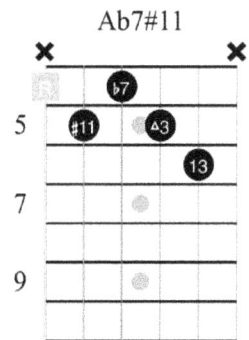

Puede que reconozcas este acorde como una forma "Hendrix" D7#9, pero sobre una fundamental de Ab funciona completamente diferente.

Recapitula los segundos cuatro compases de Bella, tocando cada acorde y luego sus intervalos.

Ejemplo 2f:

Toca fluidamente a través de los ocho primeros compases de la canción y visualiza las fundamentales de los voicings sin fundamentales. Observa cómo la nota más alta de cada acorde permanece sin cambios durante los primeros seis compases. Compara esta secuencia con la manera en que solías tocar estos acordes.

Ejemplo 2g:

Por desgracia, no hay espacio en este libro para analizar y discutir todos los cambios de acordes en Bella con diagramas y comparaciones, por lo que comprimí los ocho compases siguientes en una línea. Cada acorde tiene sus intervalos indicados en los diagramas de acordes. Tu trabajo es ver, desglosar y aprender cómo funciona cada nota de la secuencia.

Presta atención a cuáles extensiones/alteraciones se utilizan y por qué. Si se utiliza una extensión, identifica qué tono de acorde está siendo reemplazado.

Segundos ocho compases de _Bella by Barlight_

Ejemplo 2h:

La secuencia anterior muestra solo una ruta a través de los cambios de acordes, en el siguiente capítulo vamos a discutir cómo poner en práctica la búsqueda de nuevas vías. Por ahora, trata de encontrar nuevas rutas mediante la adición de diferentes extensiones en cada acorde dominante.

Los acordes de la sección B de *Bella by Barlight* son los siguientes:

G7b13   Cm7

Ab7#11   BbMaj7

Em7b5   A7   Dm7b5   G7

Cm7b5   F7b9   BbMaj7   BbMaj7

Empieza por encontrar los voicings más cercanos posibles a estos acordes sin tener en cuenta todas las alteraciones cromáticas, tal como lo hicimos en el Capítulo 1. Por ejemplo, en lugar de G7b13, toca un G7 sencillo. Una ruta se podría tocar como sigue:

Ejemplo 2i:

Los ocho primeros compases de este ejemplo contienen solo cuatro acordes, y cada uno dura dos compases. Trata de encontrar un nuevo voicing del mismo acorde en cada segundo compás, y sigue tu continuidad armónica desde allí. El siguiente ejemplo debería ayudarte a empezar con algunas nuevas exploraciones.

Ejemplo 2j:

La incorporación de esta técnica en tu interpretación se explora en detalle en *Dominio de los acordes para guitarra jazz*. Como puedes saltar entre cualquier inversión de cada acorde, este concepto requiere una práctica muy organizada, ya que cada voicing de acorde afecta directamente al siguiente.

La segunda línea del ejemplo 2i contiene tres de los cuatro movimientos comunes de ii V menor en las cuatro cuerdas del medio. Apréndelas completamente pues ocurren a menudo.

A medida que empieces a ver cómo funcionan los acordes R-7, comienza a agregar extensiones y alteraciones a los acordes para formar una continuidad armónica más cercana. Los acordes de 7ma dominante de los últimos ocho compases suelen tocarse como acordes 7b9. Aquí se muestra solo una ruta a través de los cambios.

Ejemplo 2k:

Trabaja lentamente a través del ejemplo 2k, proyectando el intervalo de cada acorde, uno por uno. Puede ser de ayuda tomar una página de diagramas de acordes en blanco y escribir cada acorde con los intervalos marcados en cada nota. Mira cuidadosamente para ver qué decisiones de voicings hago al pasar de acorde a acorde.

Quizás quieras investigar de nuevo la posibilidad de cambiar los voicings en cada compás. Cambiar el voicing te llevará a una nueva ubicación en el diapasón y afectará directamente al voicing de cada acorde que sigue.

¡Recuerda! Evita aprender esta progresión como una serie de formas de acordes. Aprende a ver los intervalos de un acorde pasando a nuevos intervalos en el acorde posterior. Esto es más fácil decirlo que hacerlo, pero es posible hacer un esfuerzo para ver más allá de la forma del acorde y centrarse solo en los intervalos. Se requiere un esfuerzo consciente para pensar de esta manera, y te encontrarás mentalmente fatigado con bastante rapidez. Tu concentración y visión mejorará con la práctica, así que relájate y disfruta el proceso de aprendizaje. Toma muchos descansos.

Construye conscientemente cada acorde a partir de sus intervalos constituyentes *todas* las veces. No pienses en formas de acordes: construye cada acorde nota a nota colocando la fundamental y luego añadiendo el resto de los intervalos.

Capítulo 3: Ejercicios con voicings e ideas para la práctica

Los capítulos anteriores te han ayudado a construir una ruta sólida a través de los cambios de acordes de *Bella by Barlight* utilizando una continuidad armónica eficiente e introduciendo alteraciones y extensiones para ayudar a suavizar el movimiento entre cada acorde.

En este capítulo, aprenderás a explorar, ampliar y practicar tus propias ideas para la continuidad armónica a través de cambios de acordes. A lo largo de las siguientes ideas, un concepto debería dominar tu pensamiento: "el principio de la nota más cercana". Siempre muévete entre acordes cambiando el menor número de notas.

Las ideas de este capítulo se enseñan de nuevo en el contexto de *Bella by Barlight*, pero deberían aplicarse a todas las melodías de jazz que estudies.

La primera idea para practicar es simplemente comenzar la progresión de acordes con un voicing diferente. Como cada acorde posterior se forma mediante el ajuste de las notas de la anterior, comenzar la progresión en una ubicación diferente te obligará a tomar una ruta diferente a través de los cambios. A su vez, esto mejora dramáticamente tu capacidad de encontrar rápidamente intervalos de acordes en diferentes partes del diapasón y aumenta drásticamente tu visión y fluidez en la guitarra.

En los capítulos anteriores comenzamos la progresión con este voicing de Em7b5:

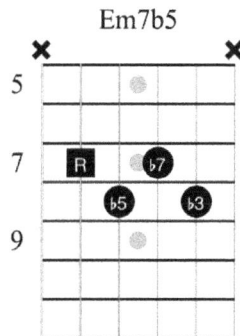

Sin embargo, no hay ninguna razón por la que tengamos que utilizar este voicing de Em7b5. Comenzar en una ubicación diferente nos permite practicar la búsqueda de diferentes rutas a través de los cambios. El siguiente ejemplo muestra una ruta a través de los primeros ocho compases comenzando con el siguiente voicing de Em7b5.

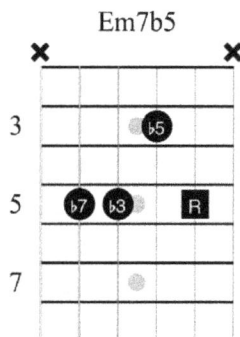

Ejemplo 3a:

Analiza cuidadosamente esta secuencia de acordes para asegurarte de que entiendes cada elección notas antes de continuar con el resto de la progresión de acordes.

Hay cuatro inversiones de acordes de "Drop 2" de Em7b5 desde las cuales deberías comenzar. Cada una es un punto de partida para una ruta diferente a través de la secuencia de acordes. Estos cuatro voicings son los siguientes:

El primero de los cuatro voicings anteriores se puede tocar una octava más abajo usando una tercera cuerda al aire.

La siguiente idea para practicar es tocar a través de la secuencia mientras que la nota más alta de cada acorde desciende o permanece en el mismo tono. Este enfoque ha sido parte de todos los ejercicios de este libro hasta ahora porque la armonía de *Bella by Barlight* tiende a descender. Sin embargo, ser consciente de la nota (más alta) de la melodía del acorde te permitirá de nuevo desbloquear el diapasón.

El siguiente ejemplo inicia con un voicing alto de Em7b5 y desciende melódicamente. Como siempre, mira cada acorde como un conjunto de intervalos y analiza cada elección de nota. Es complicado para empezar, pero es la forma más beneficiosa de practicar.

Ejemplo 3b:

Continúa esta secuencia en toda la progresión de acordes. Trabaja en trozos cortos de dos a cuatro compases a la vez para que no te fatigues.

A continuación, intenta dejar que *solo* la nota más alta descienda en cada acorde. Puede ser fácil quedarse sin espacio en el diapasón por lo que a veces es necesario saltar una octava hacia arriba a la parte superior de la guitarra para continuar.

Aquí están los primeros ocho compases tocados con notas de la melodía descendentes. Observa que el salto de octava en el compás cinco permite que la nota de la melodía baje un grado de escala de D a C, aunque en una octava superior.

Ejemplo 3c:

Continúa a través de la progresión asegurando que la nota más alta de cada acorde descienda en cada cambio.

Las progresiones de jazz a menudo tienden a descender armónicamente pues es común que los acordes se muevan en intervalos de 5tas y 4tas. Un enfoque muy útil para tocar la guitarra rítmica es forzar los voicings a *ascender* y moverse en la dirección opuesta a la armonía.

Este enfoque ascendente puede ser practicado de dos maneras. La primera forma es asegurarse de que la nota más alta (de la melodía) de cada acorde ascienda o se mantenga constante en cada cambio de acorde. La segunda forma es tocar *solo* una nota de la melodía ascendente en cada acorde.

El siguiente ejemplo utiliza una combinación de notas de la melodía ascendentes y estáticas. Trabaja en este ejemplo antes de continuar el enfoque a través de toda la progresión.

Ejemplo 3d:

En el siguiente ejemplo, la nota de la melodía asciende en cada acorde.

Ejemplo 3e:

Continúa este ejemplo a través de toda la progresión. A medida que te quedes sin trastes, vuelve a bajar a la parte inferior del diapasón para continuar la secuencia. Trabaja en pequeñas frases de dos compases y tómate tu tiempo.

Otra excelente manera de practicar el reconocimiento de acordes e intervalos es limitar tu interpretación a áreas pequeñas de cinco trastes del diapasón, manteniendo cada voicing en las mismas cuatro cuerdas. Este ejercicio es muy exigente, así que cíñete a voicings "de 7ma" simples al principio.

Los primeros ocho compases de *Bella by Barlight* se pueden tocar con voicings R-7 entre los trastes primero y quinto de la siguiente manera.

Ejemplo 3f:

A medida que ganes confianza, trata de añadir extensiones/alteraciones simples a los acordes donde sientas que es apropiado. Una forma de hacer esto se muestra a continuación, pero deberías generar la mayor cantidad de enfoques que puedas.

Ejemplo 3g:

*OK, ¡hice una pequeña trampa aquí y utilicé una cuerda al aire! Sin embargo, hacer buena música es siempre la prioridad, y sentí que este era el voicing más apropiado para utilizar en este momento.

Para ampliar el ejercicio anterior, divide el diapasón en diferentes regiones de seis trastes y toca a través de toda la canción en una nueva región cada semana.

El siguiente ejemplo muestra una manera de tocar los segundos ocho compases de Bella entre los trastes sexto y décimo.

Ejemplo 3h:

Trata de encontrar el mayor número de rutas con voicings cercanos a través de los acordes como puedas en diferentes posiciones. Comienza usando voicings R-7 simples antes de introducir las extensiones y alteraciones.

Hay muchas maneras de expresar los acordes en la guitarra utilizando diferentes grupos de cuerdas y diferentes estructuras. Por ejemplo, podríamos utilizar simplemente las cuatro primeras cuerdas, las cuatro cuerdas del medio, o de hecho cualquier otra combinación de cuerdas que queramos elegir.

Vamos a ver en más detalle los voicings de acordes en otros conjuntos de cuerdas en capítulos posteriores, pero hay que tener en cuenta que cada uno de los ejercicios con voicings anteriores podría (y debería) ser aplicado a otros tipos de voicings; los más comunes son las estructuras de acordes de "drop 2" y "drop 3".

Para ayudarte a iniciar con otros voicings, vamos a echar un vistazo a los primeros ocho compases del inicio de Bella con un voicing de *drop 3* del acorde Em7b5. Hasta ahora hemos estado utilizando principalmente voicings de *drop 2* de cada acorde. Para una explicación más detallada de este concepto mira mi libro Dominio de los acordes para guitarra jazz.

Em7b5 se puede tocar como un voicing de *drop 3* de la siguiente manera:

Em7b5 (Drop 3)

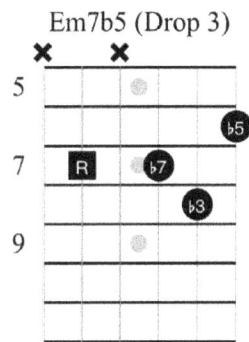

Una vez más, muévete a través de la secuencia de acordes manteniendo el movimiento de cada voicing lo más cercano posible al anterior, a la vez que mantienes todas las notas en las mismas cuerdas.

Ejemplo 3i:

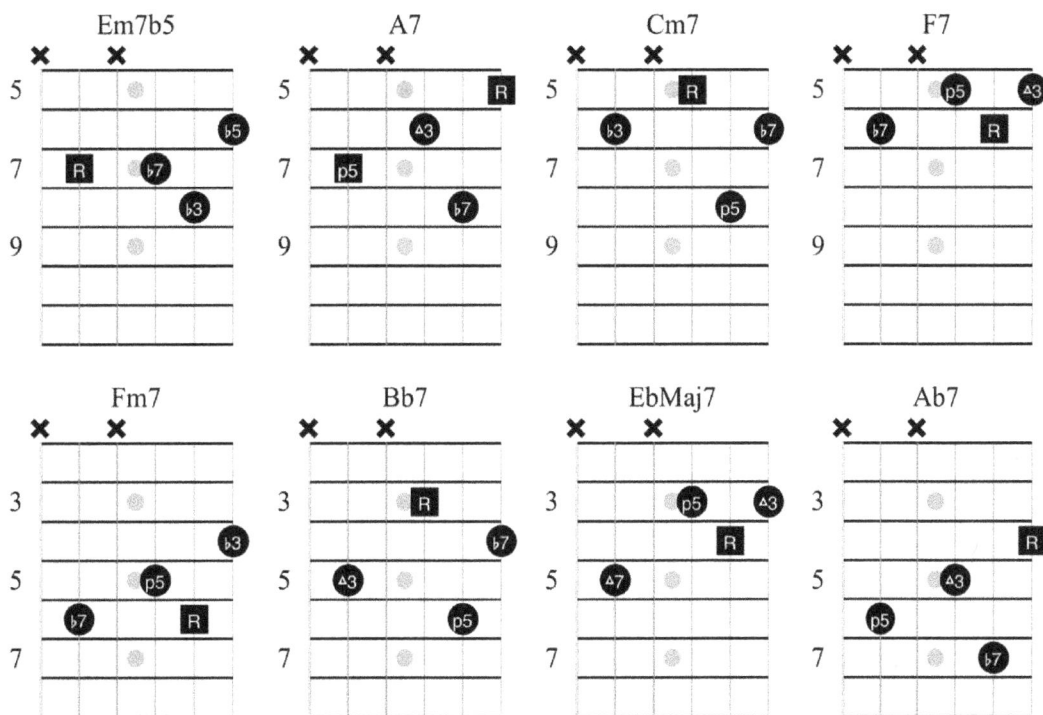

Continúa con este enfoque a lo largo de toda la canción.

El uso de diferentes voicings te ayuda a ver los intervalos en el diapasón en lugar de memorizar las formas de acordes individuales. Por supuesto, si ya conoces estos voicings de acordes tienes que asegurarte de ver cada acorde en términos de sus intervalos constituyentes y no solo como una forma predefinida.

El objetivo de este libro es enseñarte a ver el interior de cada acorde y aprender a seleccionar y elegir qué intervalos tocar. Memorizar las formas de acordes es un buen comienzo, pero si no ves más allá de las formas estás pasando por alto los conceptos más fundamentales del reconocimiento de intervalos, la continuidad armónica y la creatividad espontánea. A medida que tus habilidades se desarrollen, comenzarás a seleccionar y elegir qué intervalos tocar al improvisar partes de guitarra rítmica.

El siguiente ejemplo comienza con un voicing de drop 2 en las cuatro primeras cuerdas y utiliza voicings de acordes cercanos para moverse a través de la sección "C" (compases 25-32) de *Bella by Barlight* con voicings R-7. Las siguientes formas de acordes se repiten en una secuencia descendente.

Ejemplo 3j:

El ejemplo anterior es bastante predecible y sigue la armonía bajando por el diapasón. Intenta tocar la misma secuencia pero esta vez asciende el diapasón como se muestra.

Ejemplo 3k:

Incluso con acordes bastante simples, la organización de los voicings para que asciendan por el diapasón contra una armonía descendente es una técnica musical y hermosa.

Finalmente, por esta sección, aquí hay una técnica de práctica que es completamente opuesta a todo lo que hemos estudiado hasta ahora; sin embargo, es una manera fantástica de acelerar tu pensamiento y mejorar tu creatividad.

El concepto detrás de esta técnica de práctica es simplemente mantener la fundamental de cada acorde en la misma cuerda mientras tocas las mismas estructuras de acordes (drop 2, drop 3, etc.). Esto es bastante sencillo cuando la fundamental del acorde está en la sexta, quinta o cuarta cuerda, pero es más difícil cuando la fundamental está en la segunda o la tercera cuerda.

Para demostrarlo, vamos a comenzar con la fundamental de Em7b5 en la quinta cuerda. Luego tocamos los primeros cuatro compases de *Bella by Barlight* manteniendo la fundamental de cada acorde en la misma cuerda. Esto quiere decir que vamos a movernos por distancias grandes y estaremos reorganizando nuestro pensamiento constantemente.

Este ejercicio debería resultar bastante fácil, pues probablemente ya conozcas estos voicings y todas las fundamentales están ubicadas en una cuerda que es conocida.

Ejemplo 3l:

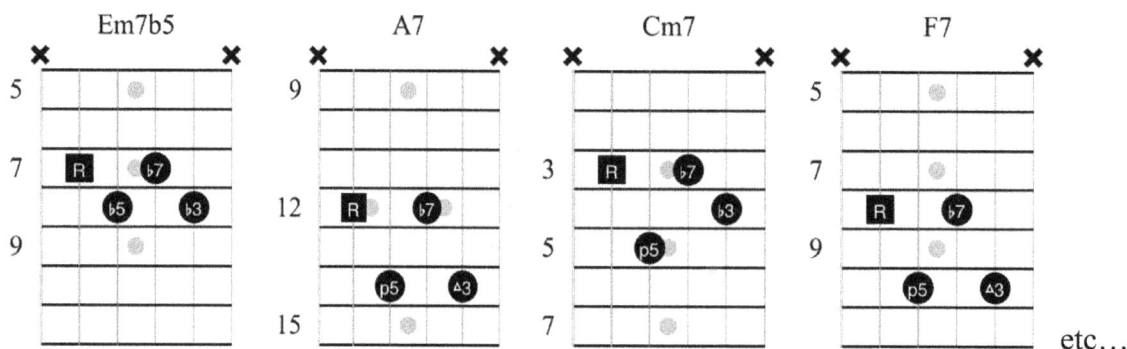

Cuando practiques, construye de manera consciente cada acorde que toques a partir de sus intervalos componentes *cada* vez que cambies de acorde. No pienses en términos de formas de acordes; construye el acorde nota por nota colocando primero la fundamental, luego la 3ra, la 5ta y, finalmente, la 7ma. Más tarde, cuando estés añadiendo/sustituyendo extensiones o alteraciones deberías ser capaz de ver de inmediato cuáles intervalos quieres reemplazar.

Intenta el ejercicio de nuevo, pero esta vez mantén la fundamental de cada acorde en la *segunda* cuerda. ¡Recuerda que no debes memorizar las formas de los acordes! Halla la fundamental en la segunda cuerda cada vez y construye el acorde a partir de la fundamental.

Ejemplo 3m:

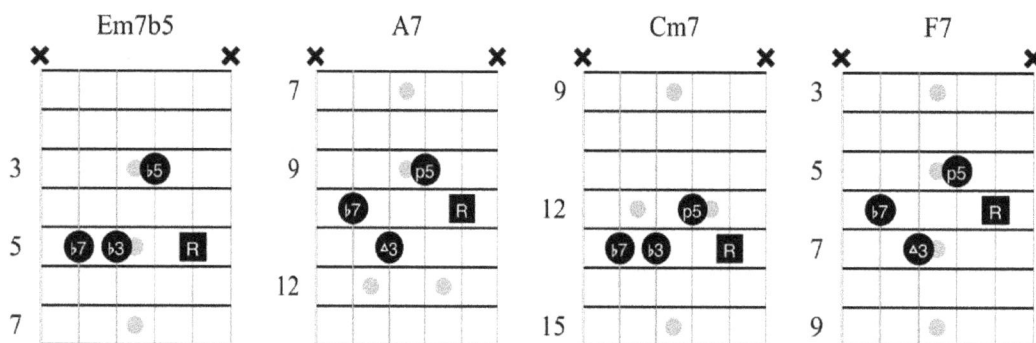

A la mayoría de las personas los voicings anteriores les resultan mucho más difíciles de visualizar, ya que no están tan familiarizados con los intervalos en la guitarra cuando se ven desde el punto de vista de la fundamental en la segunda cuerda. Continúa a través de toda la progresión usando acordes R-7 simples, asegurando que mantienes la fundamental de cada acorde en la segunda cuerda. Vas a dominar rápidamente los cuatro tipos principales de acordes de jazz (Maj7, m7, 7 y m7b5) interpretados como voicings de drop 2 con las fundamentales en la segunda cuerda.

A medida que ganes confianza, puede que comiences a ver formas de acordes, en lugar de intervalos individuales. Si esto sucede, tratar de construir los acordes en un orden diferente. Por ejemplo, coloca la 3ra del acorde en primer lugar, luego, la 7ma, luego, la 5ta y, finalmente, la fundamental. Mantén estos ejercicios frescos y desafiantes para desarrollar la capacidad de elegir y la libertad en tu interpretación.

La siguiente etapa es usar voicings *sin fundamentales* mientras sigues visualizando la fundamental de cada acorde en la segunda cuerda. Este es un ejercicio muy difícil.

Para empezar, toca *todos los acordes* con una 9na reemplazando a la fundamental. Cada acorde podría, en teoría, ser tocado con una 9na natural o b9 dependiendo de su contexto. Usa tus oídos para ayudarte a decidir cuál usar.

Estos son los ocho primeros acordes de Bella interpretados con voicings de 9na que omiten la fundamental. La fundamental de cada cuerda se visualiza en la segunda cuerda (B).

Ejemplo 3n:

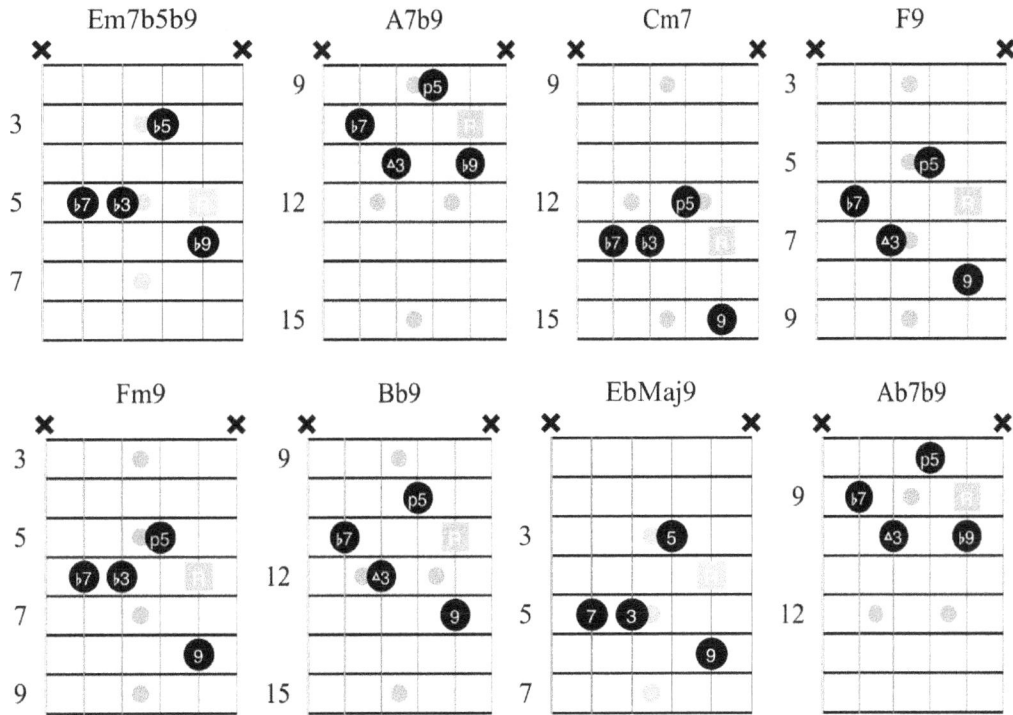

Continúa esta idea a través de la progresión de acordes completa de *Bella by Barlight*.

Los ejercicios como este realmente nos ayudan a aislar los intervalos específicos y a mejorar enormemente nuestro conocimiento del diapasón pues debemos visualizar la fundamental *y* su sustitución. Podemos extender este ejercicio aún más para apuntarle a las 11vas y 13vas también.

Habrás notado que la colocación de la fundamental en la segunda cuerda significa que todos los demás tonos de acorde también permanecen en las mismas cuerdas, es decir, la 3ra está siempre en la cuarta cuerda y la 5ta está siempre en la tercera cuerda cuando usamos voicings de acordes de drop 2.

Toca a través de secuencia de acordes de nuevo, pero esta vez reemplaza la 3ra de cada acorde con una 11va natural. Los acordes suenan inusuales y hay algunas digitaciones difíciles, pero es un excelente ejercicio para ayudarnos a ver el diapasón. Tómate tu tiempo con estas tareas y trabaja en trozos pequeños de uno o dos compases.

Ejemplo 3o:

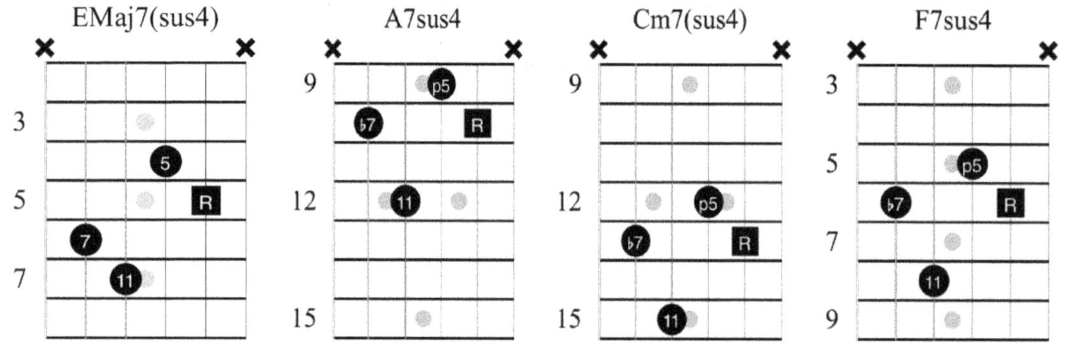

EMaj7(sus4) A7sus4 Cm7(sus4) F7sus4

etc.

Finalmente, reemplaza las 5tas por 13vas.

Ejemplo 3p:

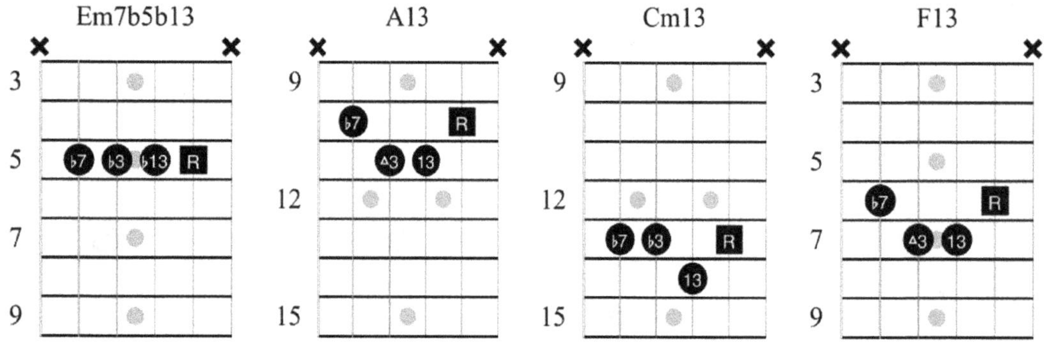

Em7b5b13 A13 Cm13 F13

etc.

Alterar los acordes de esta manera funciona bien con acordes de drop 2 con sus fundamentales en la segunda cuerda, aunque algunas formas pueden ser imposibles de tocar cuando la fundamental se coloca en la tercera o cuarta cuerda, así que simplemente haz lo que puedas. Si un voicing es imposible tocar, simplemente toca el acorde R-7 o ajusta una nota diferente.

Desarrollar la confianza y la visión con estos ejercicios tomará tiempo, pero cuando empieces a mejorar, trata de hacer el mismo conjunto de ejercicios utilizando acordes de drop 2 con la fundamental en la *tercera* cuerda.

Tu punto de partida para estos ejercicios podría ser el siguiente voicing de Em7b5:

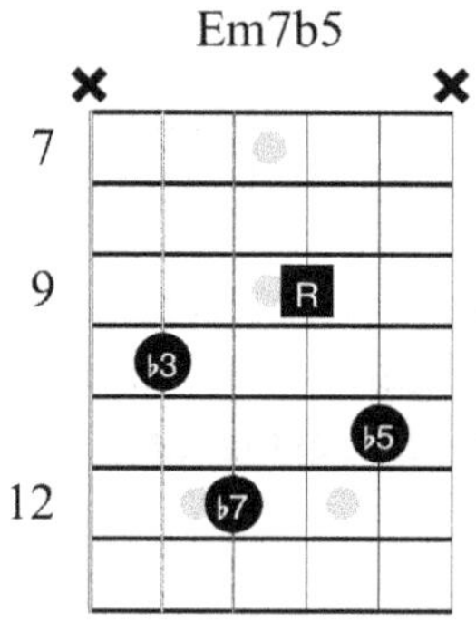

Em7b5

Si crees que te has quedado sin puntos de partida, quizás quieras refrescar la memoria con los voicings de acordes esenciales de Dominio de los acordes para guitarra jazz.

Como una extensión de estos ejercicios, trata de repetir las ideas de sustitución anteriores, pero vuelve a la limitación de tu rango de trastes. Por ejemplo, toca cada acorde como uno de 9na (reemplazando la fundamental), pero mantén tu interpretación dentro de un área de seis trastes predefinida en el diapasón.

El siguiente ejemplo muestra cómo tocar los ocho primeros acordes de *Bella by Barlight* como 9nas dentro del rango de los primeros cinco trastes.

Ejemplo 3q:

Repite este ejercicio en otros rangos limitados en la guitarra.

Los ejercicios que se muestran en este capítulo pueden y deberían repetirse con otras estructuras de acordes que conozcas y se pueden aplicar a cualquier progresión de jazz. Estos proporcionan una base sólida de continuidad armónica para la guitarra jazz.

Capítulo 4: Dominantes secundarios

"Cualquier acorde puede ser precedido por un acorde dominante tocado una 5ta por encima".

Los acordes dominantes secundarios se utilizan a menudo en la armonía de jazz, y nos ofrecen muchas oportunidades para crear progresiones de acordes interesantes y complejas. Vamos a empezar por explorar cómo formar dominantes secundarios en detalle con algunos voicings de acordes simples.

El primer ejercicio nos enseña cómo tocar un acorde dominante en la 5ta de cada acorde en una escala de C mayor armonizada. Un acorde dominante en la 5ta de un acorde se llama un *dominante secundario*, ya que es secundario al acorde dominante original de la tonalidad.

La escala armonizada de C mayor se puede tocar con voicings de drop 2 de la siguiente manera:

Ejemplo 4a:

A continuación, tenemos que aprender cuál es el dominante secundario de cada uno de estos acordes. Se muestran en la siguiente tabla:

Acorde	Dominante secundario
CMaj7	G7
Dm7	A7
Em7	B7
FMaj7	C7
GMaj7	D7
Am7	E7
Bm7b5	F#7 *

* Puede que estés esperando que el dominante secundario de Bm7b5 sea F7, pero no lo es. Los dominantes secundarios se forman siempre en la 5ta *perfecta* de la fundamental, así que ignoramos el hecho de que los acordes m7b5 contienen una b5 (en el caso de Bm7b5 la b5 es F, una nota diatónica en la escala de C), y usamos la *5ta perfecta* (F#) a pesar de que no es diatónica a la tonalidad de C.

Ahora podemos colocar un acorde dominante secundario antes de cada acorde en la tonalidad de C mayor.

Ejemplo 4b:

*¡Advertencia! Una vez más, la naturaleza visual del diapasón es nuestra enemiga aquí. Es fácil quedar atrapado tocando patrones de formas como puedes ver arriba. En lugar de pensar "todo lo que tengo que hacer es mover un acorde dominante a través de una cuerda", asegúrate de pasar por el proceso mental de buscar la nota dominante de cada acorde. Di cada una en voz alta sin mirar tu guitarra para asegurarte de no estar apoyándote en los patrones visuales de los movimientos de la fundamental.

En esta etapa, el efecto general es crear una especie de sensación "clásica". En esencia (con la excepción del G7 diatónico), cada dominante secundario introduce en la progresión notas que no están en la tonalidad original, y los músicos clásicos tratarían esta secuencia como ocho pequeñas modulaciones o cambios de tonalidad.

Ahora que entiendes cómo funciona un acorde dominante secundario, podemos repetir la secuencia anterior con una mejor continuidad armónica mediante el uso de voicings de cuatro notas en un grupo de cuerdas específico.

Vamos a empezar con voicings de drop 2 en las cuatro primeras cuerdas. Es importante que conozcas estos voicings. Si tienes alguna duda consulta el libro Dominio de los acordes para guitarra jazz.

Ejemplo 4c:

Mediante el uso de dominantes secundarios y una buena continuidad armónica, incluso una escala diatónica comienza a sonar musical e interesante, aunque esto es solo la punta del iceberg.

Si te sientes seguro con las formas de acordes de drop 2 y eres eficiente en "pensar" a través de este ciclo dominante, trata de ver más allá de las formas de acordes a los intervalos individuales en cada acorde. Sin embargo, este ejercicio es bastante exigente mentalmente así que tu prioridad debería ser desarrollar una recordación mental instantánea de cada acorde dominante.

Evalúate:

¿Cuál es el dominante secundario de Am7?

¿Cuál es el dominante secundario de Em7?

¿Cuál es el dominante secundario de Bb7?

Si no das las respuestas instantáneamente, sigue hasta que puedas responder de inmediato. Puede ser útil hacer fichas nemotécnicas para evaluarte de manera aleatoria.

El ejemplo anterior utiliza una continuidad armónica compacta pero, en general, los voicings tendieron a descender. En el Capítulo 3 discutimos diferentes maneras de explorar secuencias de acordes, así que vamos a aplicar brevemente algunas de estas técnicas antes de continuar.

Como los voicings del ejemplo anterior descendían, vamos a hacer que la nota superior se mantenga o ascienda el diapasón. Los dos primeros compases se muestran como ayuda, pero deberías continuar a través de la secuencia tú solo – esta es una práctica esencial.

A continuación, permanece dentro de un rango de cinco o seis trastes.

Trabaja a través de las ideas de práctica del Capítulo 3 utilizando esta secuencia de acordes. Inténtalas con voicings diferentes y en diferentes conjuntos de cuerdas. Recuerda que las principales opciones son:

1. La nota más alta se mantiene igual o asciende en cada acorde

2. La nota más alta asciende en cada acorde

3. La nota más alta se mantiene igual o desciende en cada acorde

4. La nota más alta desciende en cada acorde

5. Toca dentro de un rango de trastes predefinido

6. Mantén la fundamental de cada voicing en la misma cuerda

Enfócate en usar solo las primeras cuatro cuerdas por ahora, pero es posible que quieras volver aquí después para aplicar estas ideas de práctica a los acordes dominantes secundarios que utilizan voicings diferentes en diferentes conjuntos de cuerdas.

A continuación, vamos a empezar a añadir algunas tensiones alteradas a cada acorde dominante. Como cada acorde dominante secundario actúa como un dominante funcional (que resuelve) podemos añadir tanta tensión como queramos a cada uno.

Vamos a empezar por reemplazar la fundamental de cada acorde dominante con un intervalo de b9 mientras usamos voicings de drop 2 en las cuatro primeras cuerdas.

Ejemplo 4d:

Este ejemplo ilustra muy bien un concepto conocido como la *sustitución de disminuido*. Tocar un acorde de 7ma disminuido en la 3ra de un acorde dominante siempre formará un acorde 7b9 sin fundamental. Por ejemplo,

C#Dim7 sobre A7 = A7b9.

D#Dim7 sobre B7 = B7b9.

Trabaja el ejemplo anterior de nuevo y asegúrate de que puedes ver que cuando elevas la fundamental de cualquier acorde "7" por un semitono, estás formando un acorde 7b9. Esto también puede ser visto como tocar un acorde de 7ma disminuido (1 b3 b5 bb7) en la 3ra del acorde de 7ma dominante original.

Vamos a repetir el ejercicio pero esta vez también añadiremos una 9na a cada uno de los acordes de la escala diatónica original. Ten en cuenta que el acorde iii (Em7) y el acorde vii (Bm7b5) se armonizan para tener b9s, y no 9nas naturales.

Ejemplo 4e:

Por último, vamos a alterar cada acorde dominante de una manera diferente y a tocar cada uno con un #5 (b13), elevando la 5ta por un semitono. El aislamiento de las alteraciones cromáticas de esta manera es una excelente manera de aprender a ver los intervalos y de oír su efecto. Para simplificar las cosas, voy a volver a tocar voicings R-7 en cada acorde diatónico.

Debido a que ajustar la 5ta de cada acorde dominante es un poco más difícil, entonces para ayudarte, aquí están las cuatro formas de acordes de 7ma dominante que vamos a utilizar. Encuentra la 5ta en cada uno y simplemente elévala por un semitono para acceder al #5 (b13).

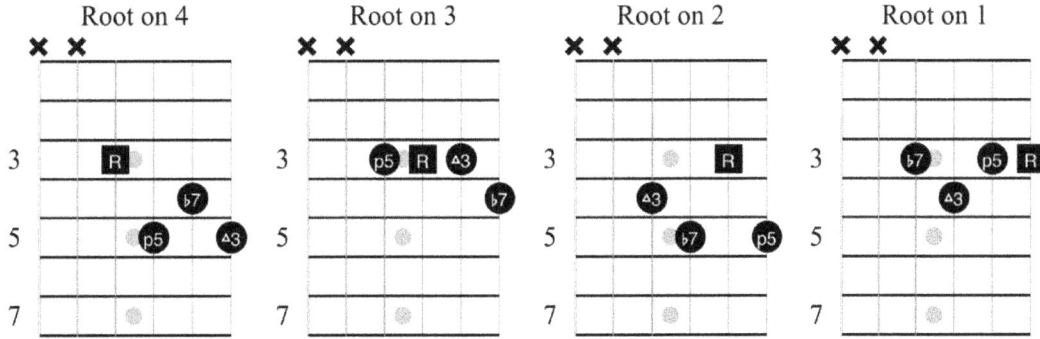

Cuando estés seguro con la ubicación de cada 5ta, pasa por la misma progresión de acordes diatónica y toca cada acorde dominante secundario con un #5(b13):

Ejemplo 4f:

Repite el ejercicio y toca cada acorde dominante secundario con un #5 y un b9.

Trata de comenzar los ejercicios anteriores desde cada uno de los cuatro diferentes voicings del acorde CMaj7:

CMaj7 CMaj7 CMaj7 CMaj7

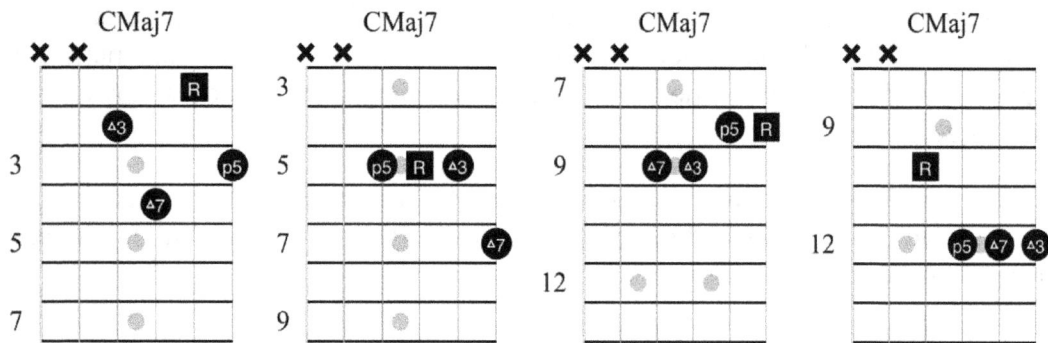

Cada vez deberías ser capaz de encontrar una nueva ruta por los cambios.

Aplica los ejercicios de este capítulo a diferentes voicings de acordes tales como los acordes de drop 2 y de drop 3 con fundamentales en la quinta y sexta cuerda. Para más ideas de voicings echa un vistazo a mi libro Dominio de los acordes para guitarra jazz.

Es muy importante que hagas los ejercicios anteriores en diferentes tonalidades. Comienza tus estudios trabajando con la escala armonizada de Bb mayor:

I	ii	iii	IV	V	vi	vii
BbMaj7	Cm7	Dm7	EbMaj7	F7	Gm7	Am7b5

Toca los ejercicios en las tonalidades de Eb, F y G mayores antes de explorar las tonalidades menores.

Pronto vamos a empezar a aplicar los acordes dominantes secundarios a las progresiones de acordes de jazz de la vida real, pero primero hay unos cuantos conceptos importantes que hay que entender.

El primer concepto es que se puede añadir un acorde ii a cualquier dominante secundario. Por ejemplo, tomemos la siguiente progresión:

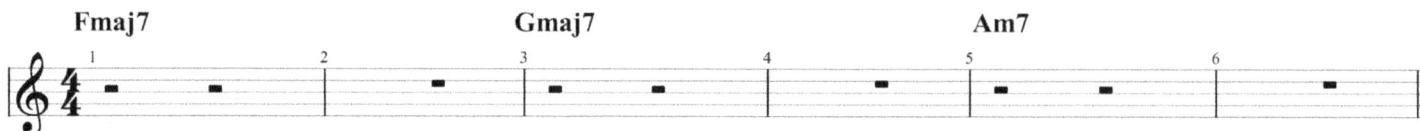

Fmaj7 Gmaj7 Am7

Hemos visto cómo agregar un dominante secundario a cada acorde para crear la siguiente progresión:

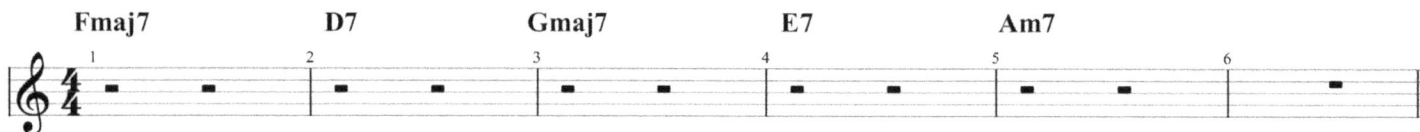

Fmaj7 D7 Gmaj7 E7 Am7

Podemos preceder a cada uno de los acordes dominantes secundarios con un acorde ii para formar una progresión ii V I hacia el acorde diatónico siguiente.

El acorde ii de un acorde de 7ma dominante se construye en la 5ta, por lo que el acorde ii que precede a D7 es Am7.

Una cosa importante a tener en cuenta es la *calidad* del acorde en el cual se está *resolviendo* el dominante secundario. Si el acorde dominante secundario se resuelve en un acorde *mayor*, normalmente usamos un acorde ii *m7*. Si el dominante secundario se resuelve en un acorde *menor*, normalmente usamos un acorde *m7b5*.

Este movimiento ii V I se ilustra en el siguiente diagrama:

Fmaj7   Am7   D7   Gmaj7   Bm7♭5   E7   Am7

S.D. = Dominante secundario (Secondary Dominant).

El acorde ii construido en la 5ta de D7 es Am7. Es un acorde m7, ya que se está resolviendo en un acorde *Maj7* en el compás tres.

El acorde ii construido en la 5ta de E7 es un acorde m7♭5 porque se está resolviendo en un acorde *m7* en el compás cinco.

Cuando se resuelve en el acode vii m7♭5 diatónico (Bm7♭5 en la tonalidad de C) el acorde ii puede sonar un poco raro. No te preocupes por esto por ahora y trabaja a través del siguiente ejercicio usando acordes con cejilla con fundamentales en la quinta y sexta cuerda como lo hiciste en el ejemplo 4b.

Ejemplo 4g:

Cmaj7   Em7♭5 A7   Dm7   F♯m7♭5 B7   Em7   Gm7 C7   Fmaj7   Am7   D7

G7   Bm7♭5 E7   Am7   C♯m7♭5 F♯7   Bm7♭5   Dm7 G7   Cmaj7

Cada otro compás ahora forma una progresión ii V que se resuelve en el siguiente acorde diatónico.

Mirando el ejemplo anterior, es fácil ver lo lejos que hemos llegado desde la progresión de acordes diatónica simple al principio de este capítulo, pero una vez más, esto es solo un punto de partida para tus propios estudios a profundidad. Comienza a tocar la progresión anterior con una continuidad armónica compacta en las cuatro primeras cuerdas de la guitarra como lo hiciste anteriormente.

Ejemplo 4h:

El ejemplo anterior comprime los acordes en ocho compases, pero no te preocupes por estar dentro del tiempo, por ahora. Tómate todo el tiempo que necesites para comprender e interiorizar el concepto de añadir una "ii V" antes de cada acorde diatónico.

No hay suficiente espacio en este libro para mostrarte todas las permutaciones de alteraciones y extensiones que se pueden agregar a cada acorde, por no hablar de expresar estos acordes en diferentes inversiones y en diferentes lugares de la guitarra.

No te apresures y siempre trata de mirar más allá de las formas de acordes para ver los intervalos en cada acorde, no te limites a memorizar cada forma. La siguiente es una lista larga de opciones, así que prepárate para trabajar estas ideas en tu práctica durante un período de meses y años; no solo horas y días. Antes de abordar la siguiente lista, sigue leyendo este capítulo para ver cómo se pueden utilizar los dominantes secundarios en un contexto musical.

- Toca cada acorde dominante secundario con un b9 reemplazando la fundamental.

- Toca cada acorde dominante secundario con un #5 reemplazando la 5ta.

- Toca cada acorde dominante secundario con el b9 y el #5.

- Toca cada acorde dominante secundario con un b5 reemplazando la 5ta.

- Toca el acorde ii de cada dominante secundario con una 9na (o b9 dependiendo de su función) reemplazando la fundamental.

- Toca cada acorde de la progresión diatónica original con una 9na (o b9) reemplazando la fundamental.

- Trabaja lógicamente a través de un proceso de combinar las ideas anteriores.

- Comienza a partir de cada una de las cuatro diferentes inversiones del acorde CMaj7 y asciende/desciende para cada cambio.

- Comienza a partir de cada una de las cuatro inversiones de otros tipos de voicings, por ejemplo, los voicings de drop 3.

- Trabaja en diferentes grupos de cuerdas comenzando desde cada uno de los cuatro voicings de CMaj7.

- Practica estas ideas en diferentes tonalidades.

Aplicación musical

Los dominantes secundarios y sus acordes ii asociados se pueden utilizar en casi cualquier momento que cambias acordes. Por ejemplo, toma los primeros cuatro compases de *Bella by Barlight*.

| Em7b5 | A7 | Cm7 | F7 |

Los dos primeros compases de Bella ya forman una ii V que parece que se debiera resolver en Dm7 aunque en realidad hay un cambio de tonalidad y nos movemos a Cm7. Es posible utilizar técnicas dominantes secundarias en una progresión de acordes ii V ya existente, pero es más fácil aprender mediante la aplicación a los acordes que no estén ya a una 5ta de distancia. En la progresión anterior, A7 a Cm7 es un candidato ideal.

El siguiente gráfico muestra cómo trabajar *hacia atrás* desde el Cm7 para agregar el dominante secundario y luego su acorde ii.

El dominante secundario de C es G7, y la ii *normalmente* sería Dm7b5 porque estamos resolviendo en un acorde de C *menor* 7. Sin embargo, hay una pequeña anomalía aquí que deberías tener en cuenta. Yo aconsejaría que uses un acorde Dm7 como el ii, y no un Dm7b5.

La razón de esto es que el acorde A7 antes de Cm7 contiene la nota A, pero el Dm7b5 contiene la nota Ab (Ab es la b5 de D). El Ab suena un poco incómodo después del A7 en el compás anterior. Al tocar el acorde ii como Dm7 evitamos este problema en su totalidad pues Dm7 contiene la nota A como una 5ta natural. Esto no quiere decir que *no puedas* tocar Dm7b5, solo que necesita un poco de cuidado.

Ejemplo 4i:

| Em7b5 | A7 | Dm7 | G7 | Cm7 | F7 |

Toca esta secuencia con acordes simples en posición de la fundamental de la siguiente manera. Presta especial atención al ritmo del compás dos, ya que el fraseo rítmico de los acordes recientemente introducidos es importante. Para mayor "fluidez" intenta tocar cada acorde dominante con una tensión 7#5.

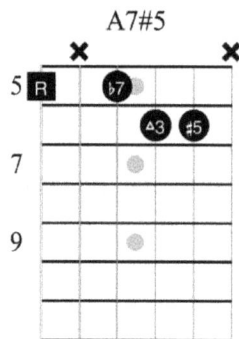

A7#5

Podemos añadir un dominante secundario antes del Fm7 en el compás cinco. He utilizado un acorde de 13va dominante aquí pues la 13va de C (A) es la misma nota que la 3ra mayor de F7 y no quería resaltar el importante cambio de F7 a Fm7 demasiado temprano en la melodía.

Ejemplo 4j:

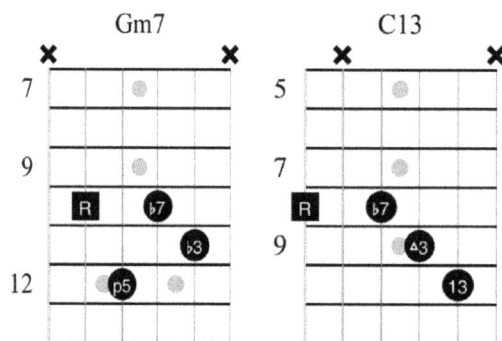

Ahora que ya hemos visto cómo funcionan estos dominantes secundarios en contexto podemos utilizar un poco de continuidad armónica compacta para hacer que fluyan de manera más musical.

Los siguientes voicings se tocan en las cuatro cuerdas del medio de la guitarra, pero también deberías explorar otras regiones y permutaciones. A medida que la armonía ahora empieza a ser bastante densa, al principio quizás quieras omitir el acorde ii de cada dominante secundario y comenzar tocando el dominante secundario en el pulso tres de los compases dos y cuatro.

Ejemplo 4k:

Los ocho compases del medio de Bella también son los principales candidatos para un tratamiento con dominantes secundarios, ya que cada acorde se mantiene durante dos compases.

La secuencia de acordes es la siguiente:

A pesar de que el movimiento de G7#5 a Cm7 ya es una progresión V – I, podemos añadir una secuencia ii V de dominante secundario en el compás dos. También añadiremos dominantes secundarios al Ab7 y al BbMaj7 y tocaremos un dominante secundario en el compás ocho como si fuéramos a continuar hacia el acorde Em7b5 en el compás siguiente.

La progresión resultante es:

Toca con acordes simples de posición en la fundamental antes de arreglar los acordes con una buena continuidad armónica.

Ejemplo 4l:

Ejemplo 4m:

Ejemplo 4n:

Trabaja muy lentamente a través de la progresión anterior para asegurarte de entender cómo se toca cada extensión y alteración en cada acorde.

Puede que no hayas estado esperando ver el acorde G7#5b9 al principio del ejemplo 4m, pero es una opción perfectamente aceptable (y musical) debido a que el movimiento de G7 a Cm7 en la progresión es una resolución funcional. La nota b9 (Ab) se convierte en el b5 del acorde ii Dm7b5 siguiente.

Una cosa importante a tener en cuenta es que esta tensión G7#5b9 se crea usando una sustitución de acordes simple. El primer voicing del ejemplo 4m es claramente un acorde Fm7b5, así que recuerda que tocar un acorde m7b5 en el b7 de un acorde dominante te da los intervalos b7, 3, #5, y b9.

Esta idea se resume en la siguiente tabla:

Notas de Fm7b5	F	Ab	Cb (B)	Eb (D#)
Intervalo formado contra una fundamental de G	b7	b9	3	#5

Esta es una sustitución muy práctica de usar tanto como una idea melódica como una de acordes; intenta tocar un arpegio Fm7b5 sobre un acorde G7 funcional (que resuelve) cuando toques un solo.

Encuentra tantas formas como puedas para tocar los ocho compases del medio de *Bella by Barlight* en la guitarra. Experimenta añadiendo tus propias extensiones y tensiones, sobre todo en los acordes dominantes. Toca los cambios en tantos lugares diferentes como sea posible mientras te centras en una buena continuidad armónica entre cada acorde. Los cuatro voicings de drop 2 de G7 tanto en las cuatro cuerdas del medio como en las cuatro cuerdas superiores son un muy buen lugar para comenzar antes de pasar a los acordes de drop 3 con fundamentales en la quinta o sexta cuerda.

Recuerda que no *tienes* que tocar las tensiones que están escritas y puede ser una buena idea comenzar ignorándolas por completo. Toca el primer acorde como un G7 y pasa por alto el #11 en el acorde Ab7. El #11 se toca a menudo, ya que refleja la nota de la melodía de la canción en ese punto, pero no tienes que tocarla si no quieres.

Para ver ideas de práctica, vuelve a revisar el Capítulo 3 y trabaja con algunas de las sugerencias mostradas allí.

Por encima de todo, no te preocupes por lograr que todo sea perfectamente correcto en esta etapa. Lo que hay que llevarse de este capítulo es el *concepto* de los acordes dominantes secundarios y sus acordes ii asociados.

Es muy bueno ponerte a prueba tú mismo lejos de la guitarra. Elije una fundamental y mira qué tan rápido puedes encontrar su acorde dominante secundario y su acorde ii. Una vez más, las fichas nemotécnicas pueden ser de ayuda aquí. Por ejemplo:

Encuentra la progresión ii V dominante secundaria para el acorde Bm7.

El V de Bm7 es F#7.

El ii de F#7 es Cm7b5.

¿Cuáles son las secuencias ii V dominantes secundarias para los siguientes acordes:

EMaj7, D7, Gm7, Fm7b5, C#m7?

¿Prefieres el sonido de una iim7b5 – V7 o una iim7 – V7 cuando se resuelve en un acorde de 7ma dominante?

Si el acorde de resolución es G7, ¿prefieres Am7b5 – D7 – G7, *o* Am7 – D7 – G7? ¿Y qué dices de A7#11 – D7 – G7?

No hay respuestas correctas o incorrectas; solo estoy tratando de animarte a encontrar tu propia voz. Experimenta con estas ideas y las respuestas llegarán a ti.

Busca otros puntos en *Bella by Barlight* donde puedas utilizar dominantes secundarios, y prueba las ideas de este capítulo en diferentes tonalidades y con diferentes melodías. Se puede tener toda una vida de estudio apasionante, y ningún libro puede darte todas las respuestas.

Capítulo 5: La sustitución de tritono

La sustitución de tritono (o "b5") es un concepto musical bastante simple, pero esencial que se utiliza con frecuencia por los músicos de jazz.

Un tritono es el nombre dado a la distancia de tres tonos. Tres tonos por encima de cualquier nota forma un intervalo b5.

El concepto es el siguiente:

Cualquier acorde de 7ma dominante funcional puede ser sustituido por otro acorde de 7ma dominante construido en el b5 del acorde original.

Veamos esta idea en acción.

Considera la siguiente secuencia que se produce en el tramo final de Bella:

El A7(b9) es un acorde dominante funcional que se resuelve en Dm7b5.

La regla de sustitución de tritono dice que podemos tocar un acorde dominante en el b5 de A7.

El b5 de A7 (tres tonos arriba) es la nota Eb.

Así que podemos tocar el acorde Eb7 en lugar del acorde A7b9 para crear la siguiente secuencia de acordes:

Observa cómo el movimiento de la fundamental entre cada acorde cae ahora en semitonos. E – Eb – D.

Esta idea funciona incluso si el bajista toca la fundamental original (A) mientras nosotros tocamos la sustitución de tritono en la guitarra. Todo lo que sucede es que introducimos algunas tensiones alteradas interesantes en el acorde original A7.

La siguiente tabla muestra qué alteraciones se crean cuando tocamos un Eb7 sobre una fundamental de A.

Notas de Eb7	Eb	G	Bb	Db/C#
Intervalo formado contra una fundamental de A	b5	b7	b9	3

Como puedes ver, retenemos la 3ra que es esencial y que define el carácter, y el b7 del acorde A7 pero introducimos las tensiones cromáticas b5 (#11) y b9. El cálculo rápido de la sustitución tritono es esencial a la hora de improvisar con los acordes.

¿Cuáles son las sustituciones de tritono de los siguientes acordes?

G7, F7, Bb7, E7, y D7.

La forma en que yo calculaba estas sustituciones cuando no sabía de inmediato la respuesta era encontrar primero la 5ta *perfecta* y luego bajarla por un semitono. Por ejemplo, mi proceso mental era algo así:

¿Cuál es la sustitución de tritono de G7?

La 5ta de G7 es D y un semitono por debajo de D está Db, por lo que la sustitución de tritono de G7 es Db7.

Con el tiempo este proceso llegará a ser tan rápido e inconsciente como saber que 2 + 2 = 4.

Los últimos ocho compases de *Bella by Barlight* forman una secuencia descendente de progresiones ii V I en tres tonalidades diferentes, que llegan a resolverse eventualmente en el acorde tónico de BbMaj7. Estos se pueden ver en el diagrama siguiente:

El Dm7b5 funciona como el acorde I para la secuencia Em7b5 – A7b9 y como el acorde ii en la siguiente progresión ii V I. Lo mismo es cierto para el acorde Cm7b5.

Podemos tocar una sustitución de tritono en cada acorde dominante en la progresión anterior para formar la siguiente secuencia. Utiliza acordes en posición de la fundamental simples en la quinta cuerda para tocar la siguiente progresión.

Ejemplo 5a:

Al igual que con los dominantes secundarios, podemos colocar los acordes ii antes de cada nueva sustitución b5 (tritono). El acorde ii está una quinta por encima de la fundamental del nuevo acorde V7. Por ejemplo, el acorde ii de Eb7 es Bbm7.

Estas sustituciones se muestran a continuación.

Esta secuencia se puede tocar con voicings de acordes "básicos" en la guitarra de la siguiente manera. Observa que estoy usando acordes "9" en lugar de acordes "7" para proporcionar una continuidad armónica más fluida en cada sustitución de tritono.

Ejemplo 5b:

En este punto, tenemos que mencionar una consideración muy importante con respecto a la pieza musical que estamos tocando. Aunque que el anterior conjunto de sustituciones son "teóricamente" correctas, no siempre funcionarán a la perfección con la melodía de la canción. Consigue un diagrama de *Stella by Starlight* del Real Book, y examina la melodía de esta sección. En los dos primeros compases del extracto anterior, la melodía es la siguiente:

En el compás de A7b9, la melodía contiene el b7, R y b9 de A7b9. Con los anteriores acordes ii V con el tritono sustituido, la nueva armonía es:

Ahora se hace evidente que hay un par de problemas con esta rearmonización de A7b9. La nota A en el pulso uno forma una 7ma mayor contra el acorde Bbm7, y la nota G ahora forma una 6ta natural. Grábate a ti mismo tocando la melodía y luego toca los acordes sustituidos para oír este choque.

Aunque esta sustitución b5 no es incorrecta "técnicamente", este ejemplo nos enseña una lección muy importante y valiosa. La melodía de la canción siempre dictará las sustituciones que puedes utilizar.

Mientras que las sustituciones anteriores pueden no complementar la melodía, pueden ser buenas opciones para tocar debajo del solista, o si la melodía resultó ser diferente.

Así que si el acorde dominante secundario y su acorde ii no funcionan en este ejemplo específico, ¿cómo podemos alterar la sustitución para tener en cuenta la melodía?

Una posibilidad es simplemente omitir el acorde Bbm7. Es posible ver las notas de la melodía (A y G) como pertenecientes al Em7b5 en el compás anterior. Podrías tocar estos dos compases de la siguiente manera:

Ejemplo 5c:

Si estuviéramos desesperados por armonizar la nota G en el compás dos, podríamos aplicar una técnica de uso común en el jazz y sustituiríamos el Bbm7 por un Bb7(#9). El intercambiar el acorde menor por un acorde dominante nos permite utilizar la sustitución tritono de E. Esto significa que podríamos utilizar un acorde E7#9 para armonizar el G en el pulso dos:

Ejemplo 5d:

El cómo llegar a usar un E7#9 se explicará más adelante, así que no te preocupes por esto ahora.

Un problema similar se produce en los siguientes dos compases donde Abm7 y Db9 se sustituyen por el G7b9. Mira si puedes detectar los choques en lo siguiente:

La nota F forma una 13va contra el acorde m7 y esta situación es disonante. Una solución simple es tocar el acorde Abm7 como un acorde Ab13. En el jazz, los acordes m7 a menudo son sustituidos por los acordes de 7ma dominante (y, en particular, por los acordes 7#9). Esto se explica en el Capítulo 6.

Por ahora, una solución para el choque anterior se podría tocar como sigue:

Ejemplo 5e:

Los tres ejemplos anteriores se incluyen para demostrar que la consideración más importante cuando se usan sustituciones de acordes es siempre la melodía de la canción.

Si tocamos acordes bajo la melodía, tenemos que ser muy cuidadosos de que la sustitución "teóricamente correcta" no entre en conflicto con la nota de la melodía en ese momento. Incluso si una sustitución es teóricamente correcta, si choca de manera no deseable con la melodía *es un error*.

Tenemos más libertad a la hora de tocar acordes bajo un solo, pues los choques momentáneos son mucho menos importantes. Sin embargo, antes de ir añadiendo sustituciones complejas y distantes a tus partes de guitarra rítmica, por favor ten en cuenta la experiencia y la capacidad de tus compañeros de banda, y el género de la música que estás tocando. Lo que es apropiado para el jazz moderno puede no ser apropiado en una melodía de swing.

Como se mencionó anteriormente, la teoría detrás de las sustituciones anteriores se explica en los siguientes capítulos, así que no te preocupes si no has logrado seguir cada paso.

Los ejemplos que siguen en este libro te enseñan las posibilidades de sustituciones de una manera organizada, pero ten en cuenta que no se hacen consideraciones con respecto a la melodía. Los ejemplos se basan en los cambios de *Bella by Barlight*, pero no todos pueden ser apropiados cuando se tocan con la melodía de la canción.

Volvamos ahora a la progresión anterior de dominantes secundarios y veamos cómo se podría tocar usando una continuidad armónica cercana en diferentes cuerdas. Aquí está esa progresión una vez más para refrescar la memoria.

Ejemplo 5f:

Ejemplo 5g:

Sustituciones de tritono en dominantes secundarios

Las sustituciones de tritono también se pueden utilizar con los acordes dominantes secundarios que se han añadido a la progresión de acordes original. Refresca la memoria de los primeros cuatro compases de *Bella by Barlight*:

Vamos a empezar por añadir un acorde dominante secundario y su acorde ii al Cm7 en el compás tres, tal como lo hicimos en el ejemplo 4i:

A continuación, vamos a sustituir el acorde dominante secundario (G7) por *su* sustitución de tritono, Db7.

Como puedes ver, ahora hemos creado el movimiento de semitono descendente característico desde Dm7 hasta Cm7 (D, Db, C).

Ejemplo 5h:

A continuación, en lugar de tocar Dm7, *podemos reemplazarlo con el acorde ii de la sustitución b5 (Abm7)*. *
Esto no va a funcionar bien cuando se toca con la melodía original de la canción.

Nuestra progresión se convierte en:

Esto se puede tocar de la siguiente manera.

Ejemplo 5i:

Observa cómo he utilizado un D9 y un Cm11 para suavizar la continuidad armónica.

Si quieres tomar riesgos allí, no hay nada que te impida volver a introducir el acorde Dm7 antes de Abm7:

Ejemplo 5j:

El A7#5 se sugiere debido a que el #5 del acorde A7 (E# / F) se convierte en el b3 (F) del siguiente acorde Dm7. También puedes tocar el acorde A7 sin alteraciones o con la b9 como está escrito en la canción original.

Esta es una gran cantidad de acordes en un corto espacio de tiempo, pero es para mostrarte lo que es posible hacer con las sustituciones.

Siempre ten en cuenta las notas de la melodía de la canción cuando estés explorando estas ideas, aunque si estás tocando toda esta cantidad de acordes con tanta rapidez, los choques son a menudo solo fugaces y bastante insignificantes.

Basemos nuestros ejemplos de continuidad armónica en la secuencia de acordes del ejemplo 5i ya que la sustitución de tritono del acorde dominante secundario y su acorde iim7 que le precede son suficientes para trabajar por ahora.

Vamos a empezar con la continuidad armónica de la progresión anterior en las cuatro primeras cuerdas de la guitarra. Debes estar alerta a las alteraciones que añadí a los acordes para suavizar la trayectoria de cada voicing.

Ejemplo 5k:

Ejemplo 5l:

Explora tantos puntos de partida y permutaciones como puedas antes de experimentar con voicings en las cuatro cuerdas del medio. Las siguientes ideas pueden ayudarte a empezar:

Ejemplo 5m:

Em7b5   A7   Abm7   D9   Cm9   F7

Ejemplo 5n:

Em7b5   A7b9   Abm7   Db7#11   Cm7   F9

A medida que desarrolles mayor confianza, trata de aplicar estas ideas a voicings de drop 3 con una nota de bajo en la quinta cuerda.

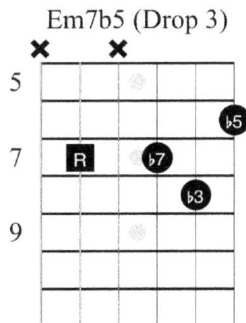

Em7b5 (Drop 3)

Trabaja a través de diferentes melodías en busca de oportunidades para utilizar dominantes secundarios, sustituciones de tritono y sus acordes ii, y aplica estas técnicas a diferentes tonalidades.

El siguiente diagrama resume los pasos que puedes seguir para agregar una sustitución de tritono a un acorde dominante secundario utilizando la secuencia de acordes Cm7 – F7. Asegúrate de entender cada paso del proceso.

S.D. = Dominante secundario

T.T. = Sustitución de tritono

Cuando agregas tensiones a la sustitución de tritono, cíñete al uso de 9s, #11s y 13s, aunque puede que quieras experimentar más a medida que tus habilidades progresen.

Capítulo 6: Continuidad armónica con sustituciones

En este capítulo quiero presentarte dos sustituciones importantes que se producen regularmente en el jazz, y cuando se combinan con las ideas de dominantes secundarios y de tritono, nos permiten construir secuencias de acordes nuevas y emocionantes a partir de progresiones "estándar".

Ya que estás leyendo este libro, es muy posible que ya tengas conocimiento de la primera sustitución.

Puedes tocar un acorde m7 la 3ra de un acorde Maj7 para formar un acorde Maj9.

A pesar de que esta es una sustitución común, vamos a ver una aplicación que puede que no hayas visto.

Veamos un ejemplo que usa un acorde CMaj7.

La 3ra de CMaj7 es E, por lo que la regla nos dice que podemos tocar un acorde Em7 en lugar de CMaj7 para crear un sonido CMaj9. Vamos a ver las notas de CMaj7 y Em7 para ver cómo funciona esto.

Intervalo desde C	1	3	5	7	9
CMaj7	C	E	G	B	
Em7		E	G	B	D

Como puedes ver, las notas de Em7 son las mismas que las de un acorde CMaj9 sin la fundamental, por lo que cualquier acorde CMaj7 puede ser sustituido por un acorde Em7.

Aquí hay algunos voicings útiles que puedes utilizar para tocar esta sustitución. La fundamental de C está marcada en gris para referencia solamente. La fundamental de Em7 es la 3ra CMaj7.

Hay muchas más, así que pasa por el proceso de encontrar un voicing de CMaj7 y elevar la fundamental por un tono para formar un Em7 / CMaj9 en tantas posiciones como sea posible.

Como vimos anteriormente, es importante aprender a ver las sustituciones como una serie de intervalos construidos alrededor de una fundamental. Asegúrate de que siempre eres capaz de encontrar de inmediato la R, 3, 5, 7 y 9 de cualquier acorde. Uno de tus objetivos de la práctica debería ser el desarrollo de un reconocimiento instantáneo de los intervalos alrededor de cualquier fundamental.

La segunda sustitución que vamos a ver es un poco menos obvia y no sigue ninguna "regla" como tal. Sin embargo, es una idea muy común en el jazz:

Cualquier acorde m7 puede ser reemplazado por un acorde 7 o un 7(#9).

En una progresión iim7 – V7, esta sustitución es similar a tocar el dominante secundario del acorde V.

En el ejemplo anterior, C7 es el dominante secundario de F7, pero también es una versión dominante del acorde original Cm7. El C7 se toca *después* de Cm7, pero podría *reemplazar* al acorde Cm7 por todo el compás, aunque se debe tener cuidado para evitar choques con las notas de la melodía que estaban escritas sobre el acorde menor original.

Para ayudar a evitar este potencial choque, las sustituciones dominantes de los acordes menores se tocan a menudo con una tensión *#9* añadida. La razón de esto puede verse en la tabla siguiente.

Intervalo	1	b3 / 3	5	b7	#9
Cm7	C	Eb (D#)	G	Bb	
C7#9	C	E	G	Bb	D# / Eb

Como puedes ver, el #9 de C7#9 (D#/Eb) es la misma nota que el b3 en Cm7 (Eb).

Al añadir el #9 en el acorde dominante mantenemos más notas en común con el acorde m7 original, por lo que es más fácil para la melodía original aceptar la sustitución. Las notas de la melodía de una canción a menudo incluyen un b3 en un acorde m7. Si sustituimos este acorde m7 por un acorde 7 directo creamos un choque; sin embargo, si sustituimos el acorde m7 por un acorde 7#9, el b3 / #9 original todavía se oye en la parte de la armonía para que la sustitución sea más indulgente.

Toca a través de las siguientes armonizaciones para tener una idea de la diferencia entre sustituir un acorde m7 por un acorde 7 y por un 7#9.

Vamos a combinar las dos sustituciones cubiertas en este capítulo en un contexto musical antes de pasar a tocar estas ideas con buena continuidad armónica.

Comenzaremos con una secuencia ii V I en C y la desarrollaremos con las sustituciones.

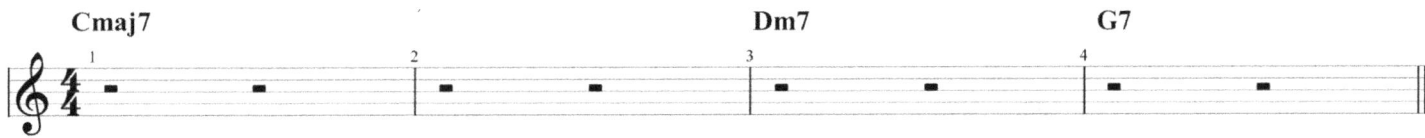

Cmaj7 **Dm7** **G7**

El primer paso es sustituir el CMaj7 del compás dos por un Em7, como vimos al principio de este capítulo.

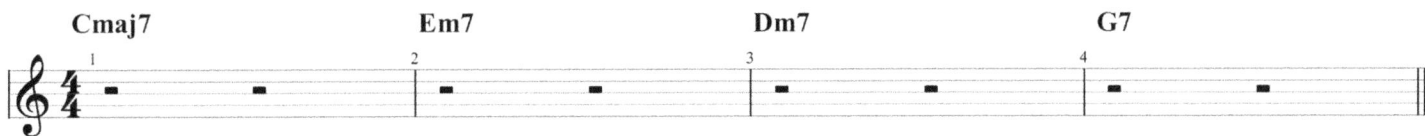

Cmaj7 **Em7** **Dm7** **G7**

A continuación, vamos a añadir acordes dominantes secundarios tanto al acorde Em7 como al Dm7:

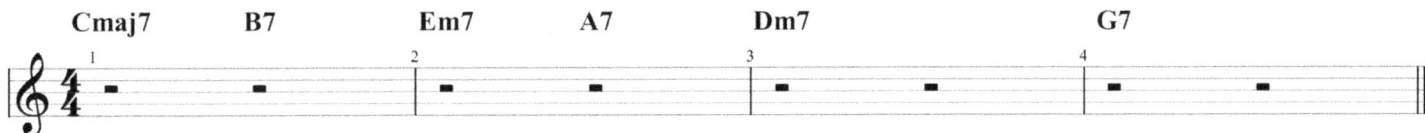

Cmaj7 **B7** **Em7** **A7** **Dm7** **G7**

Ahora podemos cambiar el Dm7 por un D7#9 (aunque es posible que quieras ver esto como el acorde dominante secundario de G7).

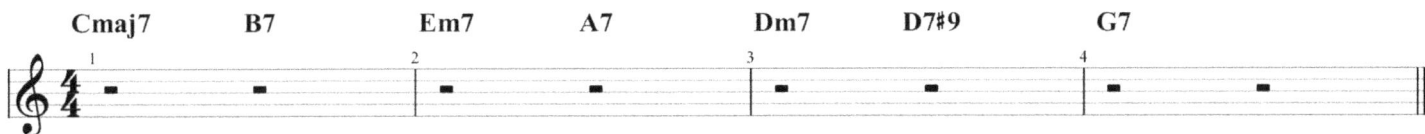

Cmaj7 **B7** **Em7** **A7** **Dm7** **D7#9** **G7**

Por último, para mantener el ritmo armónico moviéndose cada dos pulsos, vamos a añadir la sustitución de tritono de G7 en el último compás.

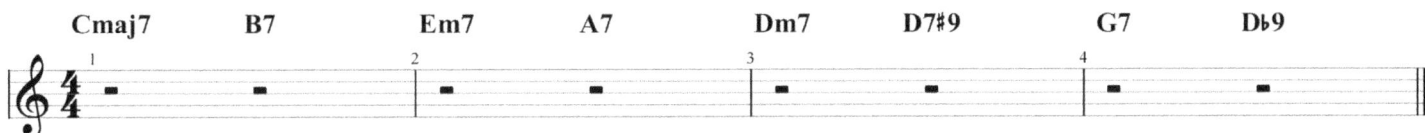

Cmaj7 **B7** **Em7** **A7** **Dm7** **D7#9** **G7** **Db9**

A pesar de que vamos a seguir avanzando en este proceso aún más, este es un buen punto para detenerse y tocar algunos acordes básicos para la progresión hasta ahora.

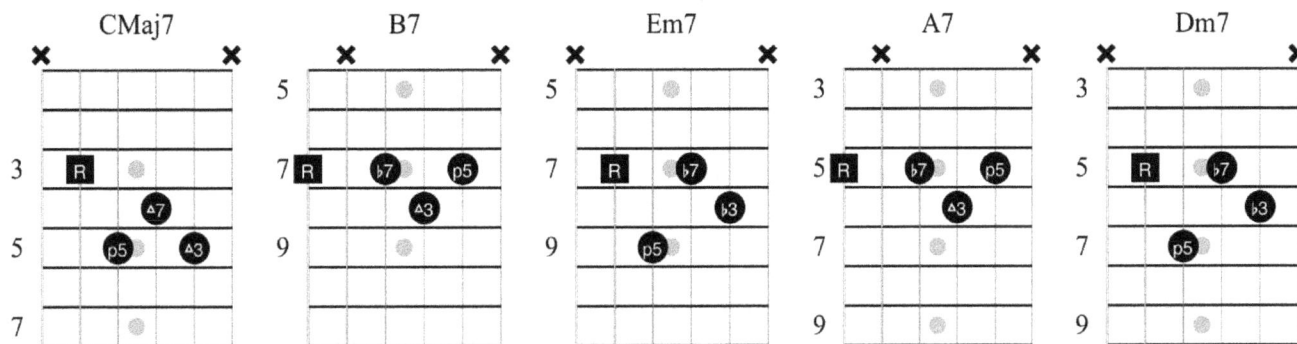

CMaj7   B7   Em7   A7   Dm7

D7#9 **G7** **Db9**

Cmaj7 B7b9 Em11 A7b9 Dm11 D7#9 G7 Db7 Cmaj7

Cmaj⁶/₉ B9 Em7 A7b5 Dm7 D7 G9 Db7 Cmaj7

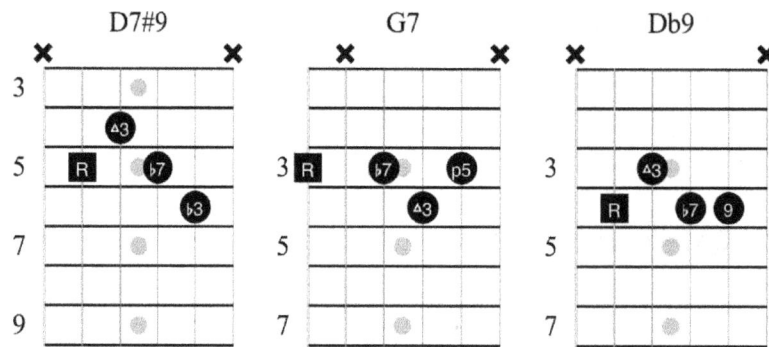

Es importante comenzar con estos acordes "básicos" para tener una buena idea de cómo suena la progresión antes de aplicar las técnicas de continuidad armónica. Compara esta secuencia con la ii V I original en C mayor y verás hasta qué punto es posible llegar una vez que entiendas cómo utilizar sustituciones.

A medida que te familiarices con esta secuencia, comienza a explorar las oportunidades de continuidad armónica en diferentes grupos de cuerdas. No olvides experimentar con extensiones y alteraciones a medida que ganes confianza.

Estas son solo algunas de las maneras de realizar los cambios.

Ejemplo 6a:

Ejemplo 6b:

Ahora vamos a echar un vistazo a otro par de ideas de sustitución que se pueden añadir.

Toca los siguientes ejemplos con los acordes básicos "en posición de la fundamental" antes de trabajar a través de las ideas de continuidad armónica en cada ejemplo. Es muy importante que aprendas a escuchar el movimiento de la fundamental de los cambios de acordes antes de trabajar a través de los ejercicios de continuidad armónica. Si puedes, trata de grabar una línea de bajo para ayudarte a practicar los siguientes ejemplos. Una línea de bajo fuerte te ayudará a escuchar cómo funciona cada voicing en contexto, especialmente con voicings que no tienen fundamental y/o están bastante alterados.

No soy un gran admirador de los dos acordes "D" en el compás tres; creo que frena el movimiento armónico de la progresión así que voy a utilizar una sustitución de tritono aquí y a reemplazar el D7 con su sustitución b5, Ab. Yo uso un acorde "7#11" aquí pues el #11 de Ab es la nota D, que se convierte en la 5ta de G7 en el siguiente acorde.

El Ab7#11 también va a funcionar bien como un acorde Ab7b9#11 "sin la fundamental" aunque no lo utilicé aquí, ya que en primer lugar quiero mostrarte claramente el movimiento de la fundamental en el siguiente ejemplo. Como siempre, experimenta para ver qué extensiones se adaptan a tus oídos. Recuerda que la melodía siempre se debe tener en cuenta al elegir las sustituciones.

Cmaj7	B7	Em7	A7	Dm7	Ab7#11	G7	Db9

Ejemplo 6c:

Cmaj7	B7	Em7	A7b9	Dm7	Ab7#11	G7	Db9	Cmaj7

```
T  5    4    3    2    3    3    3    4    5
A  4    2    0    0    5    5    5    4    4
B  5    4    2    2    3    4    3    3    5
   3    2    2    1    3    4    3    4    3
                     5         4    3
```

Ahora voy a sustituir el Em7 por un E7#9 como se explicó anteriormente:

Cmaj7	B7	E7#9	A7	Dm7	Ab7#11	G7	Db9

Ejemplo 6d:

Cmaj7	B7	E7#9	A7	Dm7	Ab7b9#11	G7	Db9	Cmaj7

```
T  8    7    8    8    10   9    8    9    8
A  5    6    7    6    7    7    7    6    5
B  9    7    6    7    10   10   9    9    9
   7    6    7    7    8    9    8    8    7
```

En seguida puedo reemplazar el acorde B7 con su sustitución de tritono (F7):

Cmaj7	F9	E7#9	A7	Dm7	Ab7#11	G7	Db9

Ejemplo 6e:

Para crear una línea de bajo cromáticamente descendente también puedo reemplazar el A7 del compás dos con su sustitución de tritono, Eb7:

Ejemplo 6f:

Los ejemplos anteriores muestran cómo puedes utilizar sustituciones en grados adyacentes de la escala para pasar desde algo tan simple como:

a algo tan interesante como:

Lo importante, sin embargo, es utilizar una buena continuidad armónica cuando tocas a través de los cambios, de otro modo las ideas pueden sonar inconexas y torpes. Por lo general, es perfectamente aceptable ajustar las extensiones y las alteraciones en cualquier voicing para suavizar la transición entre cada cambio de acorde.

Recuerda también que muchas cosas dependen del contexto, como lo banda o la alineación en la que estés tocando. Puede que no tengas tanta flexibilidad para utilizar este tipo de sustituciones cuando trabajas como un dúo vocal. A menudo, los cantantes necesitan escuchar una nota fundamental en el bajo del acorde y, a menos que sean muy talentosos, las sustituciones más "distantes" pueden causar un "choque de trenes".

También, si comienzas sacando todas estas ideas de sustituciones articuladas en una situación sin ensayos, es posible que distraigas a los otros músicos de la banda. Recuerda que las sustituciones frecuentemente pueden alejarte de la armonía original de la pieza así que a veces la discusión y el ensayo son las mejores maneras de abordarlas.

Una cosa que estoy siempre dispuesto a señalar a los estudiantes es que, ¡"teóricamente posible" y "musicalmente apropiado" no son sinónimos!

Entonces ¿por qué te estoy pidiendo que trabajes con estas sustituciones?

Bueno, hay tres razones. En primer lugar, con una banda bien ensayada y con buena colocación rítmica, las ideas de sustitución pueden sonar absolutamente maravillosas. Escucha a los grandes improvisadores de melodía de acordes como Joe Pass, Jim Hall, Wes Montgomery, Kurt Rosenwinkel, Lenny Breau, Barney Kessel y, por supuesto, el sublime Ted Greene, para oír todas estas ideas en acción.

A veces, todo lo que necesitas es simplemente una sustitución sutil para hacer que el público se interese y preste atención.

La segunda razón para trabajar a través de estas sustituciones es simple: ¡la práctica! A lo largo de este libro he hecho hincapié en la importancia de ver cada voicing como una serie de intervalos y no simplemente como una forma de acorde. Practicando las sustituciones de esta manera llegas a sumergirte en muchos tipos de acordes diferentes que se pueden tocar por todo el diapasón. Además, como estas sustituciones se pueden aplicar a cualquier secuencia de acordes, hay muchas permutaciones de acordes que se pueden utilizar.

A medida que trabajes a través de más y más sustituciones en diferentes melodías, tu reconocimiento de intervalos y de acordes mejorará de manera espectacular, al igual que la velocidad a la que podrás improvisar con sustituciones interesantes.

La tercera razón principal para trabajar en estas sustituciones es para enseñarte a rearmonizar estándares de jazz y a construir un camino hacia la melodía de acordes. El uso de las sustituciones es una forma productiva para encontrar tu propia voz cuando tocas melodías que se han escuchado durante más de cincuenta años.

Otro uso importante de las sustituciones es el de permitirnos acceder a las notas de la melodía que se encuentran fuera de la armonía esperada del acorde.

Por ejemplo, echa un vistazo a la siguiente melodía:

La nota Eb (D#) está fuera de la escala diatónica en la tonalidad de C mayor, entonces, ¿cómo podríamos armonizar esta nota?

Una forma sería usar el acorde dominante secundario de C mayor, G7. La nota de la melodía forma un b13/#5 desde la fundamental G, por lo que G7# 5 es una opción razonable:

La nota D#Eb también es la 9na en la sustitución de tritono de G7 (Db), así que Db9 también es una buena opción:

También podemos añadir el acorde iim7 antes de Db9:

También es posible combinar la sustitución original G7#5 de nuevo en la secuencia anterior.

Un buen conocimiento de las sustituciones puede ayudarnos a encontrar armonizaciones creativas para cualquier nota inesperada de la melodía.

El objetivo es llegar a estar tan cómodo con las ideas de sustitución comunes como sea posible mediante el desarrollo de un enfoque de práctica que te permita incorporar sustituciones. Esto mejorará en gran medida tu libertad y tus reflejos en la guitarra.

Capítulo 7: Más ejercicios de sustituciones

Vimos en el Capítulo 4 cómo agregar acordes dominantes secundarios a una escala armonizada de C mayor, ahora vamos a extender ese ejercicio para incorporar sustituciones de tritono y sus acordes ii.

Vamos a permanecer en la tonalidad de C por simplicidad, aunque deberías hacer este ejercicio en todas las tonalidades comunes. En primer lugar, refresca tu memoria de la escala armonizada de C mayor:

Al igual que antes, vamos a preceder a cada acorde con su dominante secundario:

Sin embargo, esta vez en lugar de tocar cada dominante secundario, toca la *sustitución de tritono* de cada dominante secundario. Comienza tocando cada sustitución como una 7ma dominante "normal" para escuchar el sonido característico de esta sustitución.

Ejemplo 7a:

Una vez más, la naturaleza visual de la guitarra es nuestra enemiga aquí, ya que es muy fácil tocar simplemente un acorde de 7ma dominante un semitono por encima de la fundamental del siguiente acorde. Es muy importante que aprendas a *no* confiar en este método. Cada vez, pasa por el proceso mental de encontrar el dominante secundario y luego sustituirlo por su tritono.

Mi proceso mental suena así:

"El dominante de D es A, el b5 de A es Eb", etc.

No tomes atajos aquí, eso te hará la vida más difícil en el largo plazo.

Toca a través de la nueva secuencia en cada una de las maneras discutidas en el Capítulo 3. Mantén la nota de la melodía ascendente o descendente y toma un tiempo para tocar esta secuencia en rangos de trastes limitados en la guitarra. El ejemplo 6h muestra una manera de tocar a través de estos cambios en un rango limitado en las cuatro primeras cuerdas.

Ejemplo 7b:

A continuación, para ayudar a suavizar la continuidad armónica, toca cada sustitución de tritono como un acorde 7b9 reemplazando la fundamental con un b9.

Ejemplo 7c:

Crea tus propias variaciones de los dos ejercicios anteriores. Por ejemplo, podrías tocar cada acorde diatónico como una 9na elevando la fundamental por un tono, o podrías añadir una extensión/alteración específica a cada tritono dominante. A medida que tus habilidades mejoren, crea un enfoque lógico para la combinación de estas extensiones y alteraciones en cada acorde. Puede ser de ayuda dibujar una tabla para organizar tu tiempo de práctica, un ejemplo que explora la introducción de las 9nas podría ser el siguiente:

Toca cada acorde diatónico como una:	Toca cada sustitución de tritono como un:
7ma	7
7ma	b9
7ma	9
9na	7
9na	9
9na	b9
9na	Alterna entre 9 y b9

Luego, puedes empezar a introducir b5s o #5s para cada sustitución de tritono, o 13vas para los acordes diatónicos y las sustituciones de tritono.

Antes de lanzarte a hacer estos ejercicios, asegúrate de poder disponer acordes de 7ma básicos en múltiples áreas de trastes limitados en la guitarra, mientras exploras diferentes voicings y grupos de cuerdas. No te preocupes demasiado por el ritmo cuando comiences a hacer estos ejercicios, la prioridad es siempre la continuidad armónica y el reconocimiento de los intervalos.

Vamos a reintroducir el acorde iim7 de cada sustitución de tritono. Recuerda que es esencial ser capaz de "pensar" tu camino a través de cada cambio, lo cual se hace más difícil a medida que añadimos más sustituciones.

Primero toca la secuencia de sustitución de tritono ii V con acordes en posición de la fundamental:

Ejemplo 7d:

Una vez más, es posible que quieras suavizar la continuidad armónica utilizando acordes de 9na dominante en lugar de los de 7ma dominante en las sustituciones de tritono, tal como lo hicimos en el ejemplo 5i.

A continuación, organiza estos acordes con una continuidad armónica compacta en grupos de cuatro cuerdas. Aquí hay una ruta a través de los cambios en las cuatro cuerdas del medio con acordes R-7:

Ejemplo 7e:

Trabaja a través de la secuencia anterior en diferentes áreas de la guitarra con grupos de cuatro cuerdas antes de añadir las extensiones y las alteraciones sugeridas en la tabla anterior.

Por último, vamos a rehacer el ejemplo anterior para incluir extensiones y alteraciones para que podamos suavizar aún más la continuidad armónica.

Ejemplo 7f:

Toma un tiempo para considerar por qué se ha utilizado cada extensión o alteración, y encuentra tantas formas para esta progresión como puedas. Adopta un enfoque organizado para añadir extensiones y alteraciones como se vio anteriormente, aunque siempre debes tener especial cuidado cuando se añaden 13vas a los acordes menores. Deja que tu oído juzgue.

Observa que he utilizado un iim7b5 – V, y un iim7 – V cuando resuelvo en los acordes m7 en los compases uno al tres. Estas opciones funcionaron bien para mis oídos, pero tú puedes tener una opinión diferente. Explora estas ideas tanto como sea posible, pero recuerda que la decisión en el mundo real siempre se reducirá a cuáles notas están en la melodía.

Pasa tanto tiempo como puedas trabajando en regiones limitadas del diapasón y siempre ten en cuenta qué intervalos están disponibles en cada acorde, dónde tocarlos, y la continuidad armónica que proporcionan entre cada uno de los acordes sucesivos.

Otras ideas de práctica

Las siguientes ideas te ayudarán a ampliar tu exploración de la continuidad armónica con dominantes secundarios, sustituciones de tritono, y sus acordes iim7. Esta lista no es de ningún modo exhaustiva y serán necesarios muchos meses de práctica diligente para completarla.

- Repite los ejercicios de escala diatónica de este libro en todas las tonalidades comunes del jazz: Bb, Eb, C, G y F.

- *Desciende* a través de la escala mayor armonizada utilizando a) dominantes secundarios, b) sustituciones de tritono, c) acordes ii precediendo tanto a (a) como a (b).

- Repite todos los ejercicios de este libro utilizando la escala menor armónica armonizada.

- Repite todos los ejercicios utilizando la escala menor melódica armonizada.

- Añade acordes dominantes secundarios a los centros tonales cromáticamente ascendentes/descendentes. Por ejemplo, Eb7 – E7 – F7 o Eb7 – Em7 – Fm7. Mantén la continuidad armónica lo más cercana posible.

Lo más importante que puedes hacer con estas ideas es aplicarlas a melodías reales. Ensáyalas con tu banda y prueba tantas ideas como sea posible. Si no tienes una banda, intenta grabar una línea de bajo o utilizar un pedal de bucle para que siempre puedas oír una línea de bajo fuerte y constante cuando pruebes sustituciones con continuidad armónica cercana. Si puedes grabar o hacer un bucle de más de una pista, trata de tocar la línea de bajo y la melodía para que puedas escuchar el verdadero efecto musical de la decisión de sustitución que hagas.

Mientras estés practicando, ten en cuenta que se deberían introducir alteraciones, extensiones y sustituciones para suavizar la continuidad armónica entre los acordes sucesivos. Si hay un movimiento de un tono entre un acorde y el siguiente, trata de encontrar una sustitución o alteración que te permita hacer este movimiento en un semitono o eliminarlo por completo.

Hemos cubierto muchos conceptos teóricos en los anteriores capítulos, pero la única regla es que la melodía es siempre lo primero. Incluso si sientes que algo es "técnicamente" correcto, si hace que la melodía suene mal, no lo uses.

Capítulo 8: Aplicación

En este capítulo, vamos a consolidar muchas de las técnicas mostradas en este libro y aplicarlas a una parte de una nueva canción, *Some Of The Things You Are*. La armonía de la canción se basa en los cambios de acordes de *All The Things You Are*.

Los acordes en los ocho primeros compases de esta canción son:

Estos pocos compases están llenos de oportunidades de sustitución, pero primero vamos a echar un vistazo a algunas maneras de tocar esta secuencia en la guitarra.

Ejemplo 8a:

Ejemplo 8b:

Ahora vamos a añadir algunas extensiones y alteraciones para ayudar a que la continuidad armónica fluya suavemente.

Ejemplo 8c:

Ejemplo 8d:

Por supuesto, hay muchas maneras de disponer estos acordes y a estas alturas ya sabes cómo explorar estas opciones. Revisa el Capítulo 3, si necesitas más maneras de practicar estas progresiones. Sigue buscando las rutas más cercanas para disponer estos acordes y experimenta con diferentes tensiones en los acordes dominantes. Los ejemplos anteriores apenas son una pequeña muestra.

Vamos a ignorar la melodía por ahora y a mirar algunas posibles sustituciones que podrían ser utilizadas sobre esta secuencia de acordes.

Comenzaremos añadiendo acordes dominantes secundarios donde no haya ya un movimiento V7 – I:

He incluido el acorde Cm7 en el compás nueve para mostrar el uso del G7#5 dominante secundario en el compás ocho.

La secuencia anterior se podría tocar con voicings básicos de la siguiente manera. En la mayoría de los acordes "estáticos" he utilizado dos voicings del mismo acorde para añadir un poco de interés.

Ejemplo 8e:

No te preocupes por la continuidad armónica por ahora, pero encuentra algunas maneras de tocar esta secuencia para tener una idea de cómo los acordes dominantes secundarios afectan la armonía.

A continuación, vamos a añadir algunas sustituciones de tritono a esta progresión. Podemos tocar sustituciones b5 (tritono) en los acordes dominantes secundarios o los acordes dominantes originales (Eb7 y G7).

Recuerda que una verdadera sustitución de tritono se da solo cuando un acorde *dominante* es reemplazado por otro acorde *dominante* que esté a una distancia de un b5.

Estudia el compás uno. Podemos utilizar una sustitución de tritono para reemplazar el (dominante) F7#9, pero normalmente no podríamos utilizar uno si el acorde fuera un Fm7 ya que no es un acorde de 7ma dominante.

Con estas sustituciones podríamos convertir la secuencia mencionada en:

Estos acordes se pueden tocar como voicings básicos en posición de la fundamental de la siguiente manera:

Ejemplo 8f:

La siguiente etapa consiste en añadir algunos acordes ii. Recuerda que estos acordes pueden ser el ii del acorde original, o pueden ser el ii de la sustitución de tritono.

Estas sustituciones se pueden tocar también, *adicionalmente a* o *en lugar de* el acorde V original.

Tomé "prestados" dos pulsos del compás siete para abordar el D9 con su sustitución de tritono (Ab) para crear un *turnaround* hacia el Cm7 en el compás 9.

Toca a través de la secuencia de la siguiente manera y también encuentra nuevas formas de disponer estos acordes.

Ejemplo 8g:

El ejemplo anterior muestra solo una manera de utilizar sustituciones en estos cambios aunque, por supuesto, es posible combinar los dominantes secundarios sin tritonos y acordes ii con las ideas anteriores.

Por ejemplo, los primeros compases de esta secuencia se podrían tocar de la siguiente manera utilizando un enfoque de "intentar varias combinaciones". La sustitución de tritono se utiliza en el compás uno, y un dominante secundario simple se utiliza en el compás dos. (Bb7b9 funciona bien aquí).

Puedes aprender a partir de simple ensayo y error; confía en tus oídos para encontrar tus opciones musicales favoritas.

Ahora vamos a organizar el ejemplo 8g con una buena continuidad armónica en cuatro cuerdas. En los siguientes ejemplos he utilizado extensiones y alteraciones a voluntad para suavizar la continuidad armónica.

Una posible manera de disponer esta progresión se muestra a continuación:

Ejemplo 8h:

Encuentra otras rutas para esta secuencia utilizando una buena continuidad armónica en los otros grupos de cuerdas y en otras regiones de la guitarra.

Una consideración esencial para cada sustitución siempre es la melodía de la canción en cada compás. A medida que tus habilidades de rearmonización mejoren, aprenderás a tener en cuenta rápidamente las notas de la melodía al sustituir acordes, aunque por el momento probablemente sea más útil pasar por el proceso paso a paso que he mostrado en este libro y luego buscar los choques que se deban ajustar.

Obtén una copia del Real Book y echa un vistazo a la melodía de *All the Things You Are*. En particular, presta atención a la melodía del compás 4. Si estuviéramos tocando la melodía de *All the Things You Are* sobre los cambios escritos en el ejemplo anterior, el G del compás cuatro podría formar una tensión "interesante" sobre el D9. Valdría la pena tocar un acorde D9sus4 o un D11 en este punto para evitar el choque, pero experimenta para ver qué prefieres.

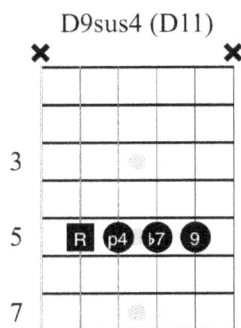

Siempre ten en cuenta la nota de la melodía y el intervalo que forma contra cualquier sustitución que utilices. A medida que practiques, naturalmente vas a empezar a combinar ideas de sustitución con una buena continuidad armónica. Estas ideas de acordes, junto con una fuerte conciencia de la melodía harán que tus partes de guitarra rítmica de jazz sean muy completas, interesantes y musicales.

La clave para desarrollar la habilidad con la continuidad armónica es la experimentación y el estudio lógico. Revisa las ideas de voicings del Capítulo 3 y utiliza la tabla de la página 84 para ayudarte a organizar tu práctica y para introducir los intervalos que quizás no hayas considerado previamente.

Conclusiones y estudio adicional

Los conceptos de este libro son bastante avanzados y van mucho más allá del repertorio de acordes normal del guitarrista promedio que da conciertos. Sin embargo, estas técnicas son comunes en el jazz y en la música clásica más moderna. Cada idea de sustitución nos permite acceder a armonías interesantes y emocionantes mientras que el aspecto esencial y fundamental de la continuidad armónica permite la creación de partes de guitarra rítmica suaves y fluidas.

Las ideas detrás de este libro se resumen de la siguiente manera.

- Practica moviendo tan pocas notas como sea posible entre los acordes.

- Usa extensiones y alteraciones para eliminar o reducir el movimiento de notas

- Cualquier acorde puede ser abordado con un dominante secundario

- Las sustituciones de tritono se pueden utilizar en los dominantes funcionales, incluyendo los dominantes secundarios.

- Las sustituciones de tritono y los dominantes secundarios se pueden abordar con su acorde ii

- ¡La melodía es la que manda! Ajusta las sustituciones para evitar choques con la melodía escrita

Aunque el uso de voicings de acordes y sustituciones puede depender de la situación de interpretación (¿Estás en un dúo vocal? ¿Hay un bajo? ¿Qué está tocando el piano), trabajar en la continuidad armónica en la sala de ensayo debería ser una prioridad. Practicar la continuidad armónica y la limitación de los movimientos de notas entre cada acorde sucesivo rápidamente nos ayuda a ver el diapasón en términos de intervalos. La confianza que se gana con esta visión no se debe subestimar. Si bien la práctica inicial del reconocimiento de intervalos es difícil y consume mucho tiempo, el beneficio para nuestra interpretación y nuestra música es casi indescriptible.

En poco tiempo podemos empezar a improvisar con la armonía, seleccionando calidades de acordes y texturas, de la misma manera que un pintor selecciona un color de una paleta. Cuando vemos al instante el diapasón en términos de intervalos organizados en torno a una fundamental, la riqueza de todos los colores posibles queda a nuestra disposición.

Este nivel de visión y capacidad requiere de mucho trabajo, y se convertirá en el estudio de toda una vida, pero los resultados potenciales te distinguirán de cualquier otro guitarrista.

Para practicar las ideas de voicings de este libro simplemente aplícalas a tus estándares de jazz favoritos y sé exhaustivo en tus estudios. *Métete* en la estructura de la canción y encontrarás relaciones entre acordes que no sabías que existían.

Para organizar tu práctica, comienza a partir de una de las cuatro inversiones de una estructura de acordes en particular (drop 2, drop 3, etc.), y toca a través de la secuencia usando los voicings R-7 más cercanos posibles. Luego, introduce extensiones y alteraciones simples para explorar si una nota se puede sostener de un acorde a otro. Apúntale a mover solo una o dos notas entre los acordes.

Utiliza sustituciones de tritono en los acordes dominantes funcionales existentes y luego observa cómo la adición de sus acordes ii afecta la continuidad armónica. A continuación, trabaja lógicamente a través de otras opciones de sustitución comenzando con dominantes secundarios para ver cómo afectan a la armonía antes de volver a ver si es conveniente añadir sus acordes ii.

Recuerda que los acordes m7 a menudo pueden ser sustituidos por acordes 7#9, que a su vez permiten más sustituciones de tritono.

Por último, haz una verificación de la melodía para ver si tu nueva secuencia de acordes funciona bien con la melodía original de la canción. Si no se ajusta a la melodía, haz los ajustes necesarios.

A medida que tu continuidad armónica y tus habilidades de rearmonización mejoren, naturalmente comenzarás a tomar un enfoque de "la melodía primero"; elegir cada extensión, alteración y sustitución, complementa y mejora directamente la melodía.

Este nivel de percepción toma un tiempo para desarrollar así que sugiero que trabajes a través de los pasos anteriores para llegar a sentirte cómodo con las técnicas básicas y permitir que tu conciencia melódica se desarrolle de forma natural al mismo tiempo. Es una enorme ayuda conocer la melodía de la canción al derecho y al revés; así que asegúrate de poder tocar la melodía de memoria en unos cuantos lugares diferentes en la guitarra.

Para ayudarte a disponer la canción en el diapasón, a menudo es útil tocar una versión de "melodía y bajo" de la canción. Toca la línea de bajo en las dos cuerdas inferiores de la guitarra y expresa la melodía en las cuerdas más altas. Puede haber algunos estiramientos, pero hacer esto realmente ayuda a interiorizar la estructura de la canción y evita que te pierdas. También, siempre sabrás cuál es la nota de la melodía que está sobre cada acorde.

Este libro es el punto de partida de un estudio de toda una vida, divertido y gratificante, de voicings y armonización en la guitarra. Mejorará en gran medida tu capacidad musical y la comprensión del instrumento.

¡Buena suerte y diviértete!

Joseph

Sé social

Facebook – FundamentalChangesInGuitar

Otros libros de Fundamental Changes

Guía completa para tocar guitarra blues – Libro 1: Guitarra rítmica

Guía completa para tocar guitarra blues – Libro 2: Fraseo melódico

Guía completa para tocar guitarra blues – Libro 3: Más allá de las pentatónicas

Guía completa para tocar guitarra blues – Compilación

El sistema CAGED y 100 licks para guitarra blues

Cambios fundamentales en guitarra jazz: la ii V I mayor

Solos de jazz blues para guitarra

Escalas de guitarra en contexto

Acordes de guitarra en contexto

Dominio de los acordes en guitarra jazz (Acordes de guitarra en contexto –Parte 2)

Técnica completa para guitarra moderna

Dominio de la guitarra funk

Teoría, técnica y escalas – Compilación completa para guitarra

Dominio de la lectura a primera vista para guitarra

El sistema CAGED y 100 licks para guitarra rock

Guía práctica de la teoría musical moderna para guitarristas

Lecciones de guitarra para principiantes: Guía esencial

Solos en tonos de acorde para guitarra jazz

Guitarra rítmica en el heavy metal

Guitarra líder en el heavy metal

Solos pentatónicos exóticos para guitarra

Continuidad armónica en guitarra jazz

Solos en jazz – Compilación completa

Compilación de acordes para guitarra jazz

Fingerstyle en la guitarra blues

www.ingramcontent.com/pod-product-compliance
Lightning Source LLC
Chambersburg PA
CBHW081134090426

42737CB00018B/3339